Navid Kermani

Dynamit des Geistes

Göttinger Sudelblätter

Herausgegeben von

Heinz Ludwig Arnold

Navid Kermani

Dynamit des Geistes

Martyrium, Islam und Nihilismus

WALLSTEIN VERLAG

Vorbemerkung

Der vorliegende Aufsatz geht auf einen Vortrag zurück, den ich am 6. November an der Berliner *Volksbühne* gehalten habe. Die Frage, die zu beantworten der Dramaturg Carl Hegemann mich gebeten hatte, schien in den Wochen nach dem 11. September jedem auf den Lippen zu liegen: Warum sind Menschen bereit, ein Flugzeug zu kapern und sich mitsamt der übrigen Insassen in den Tod zu stürzen? Eine erste kurze Fassung des Vortrags, den ich anschließend auch in London und Jerusalem gehalten habe, hat *die tageszeitung* am 20. November 2001 abgedruckt. In erweiterter Form ist das Manuskript im *Times Literary Supplement* vom 29. März 2002 erschienen. Eine ebenfalls englische, wesentlich längere Fassung ist seit März 2002 auf der Webseite von *openDemocracy* zu lesen (www.opendemocracy.net/forum/document_details.asp?CatID=110&DocID=1106).

Angeregt und bereichert durch die Diskussionen, die ich mit dem Publikum der Vorträge wie mit Lesern der verschiedenen Fassungen führen durfte, habe ich für die Veröffentlichung in den *Göttinger Sudelblättern* das gesamte Manuskript überarbeitet, es an vielen Stellen erweitert und bibliographische Hinweise hinzugefügt.

Ich danke dem *Wissenschaftskolleg zu Berlin*, das mir wie so viel anderes auch die Arbeit an diesem Text ermöglichte, und Malte Büchs, der mich gleichermaßen kreativ wie beharrlich unterstützte. Danken möchte ich auch Heinz Ludwig Arnold für die Freundschaft, die zwischen uns gewachsen ist.

Berlin, im Juni 2002 *Navid Kermani*

»Gott selbst ward Nihilist.«
Friedrich Nietzsche

Die erste Geschichte beginnt am Morgen des dritten Oktobers 680 in der Ebene von Kerbela im heutigen Irak. Damals stand der Enkel des Propheten und dritte Imam der Schiiten, Hussein ibn Ali, mehreren tausend Soldaten des umayyadischen Kalifen Yazid gegenüber. Der Konflikt zwischen Hussein und Yazid, dem Imam und dem Kalifen, hat das Schisma der Muslime, die damals noch nicht formal in Sunniten und Schiiten geteilt waren, besiegelt. Entbrannt war der Streit eine Generation zuvor. Die *Schia*, die »Partei« Ali ibn Abi Talibs, erklärte ihn, den angesehenen Cousin und Schwiegersohn des Propheten, zum göttlich vorgesehenen Führer der Gemeinde, während die Vorfahren der Sunniten das Kalifat akzeptierten, das Mu'awiya ibn Abi Sufyan in Damaskus, fern von Mekka also und ohne religiöse Weihe, ausrief. Ali war erdolcht, sein Sohn Hassan wohl vergiftet worden, nun herrschte Yazid, der Sohn Mu'awiyas. Die Einwohner von Kufa weigerten sich jedoch, dem Kalifen zu huldigen, den sie als Tyrannen und Verräter an der Botschaft des Propheten verachteten. Sie riefen Hussein zu Hilfe, den zweiten Sohn Alis, der bis dahin ein zurückgezogenes Leben in Mekka geführt hatte. Die Bücher beschreiben ihn als sanften, feingeistigen Mann, nicht als Krieger, der sich jedoch dem Hilferuf der bedrängten Bevölkerung von Kufa nicht entziehen konnte. Also brach der Enkel des Propheten am 9. September 680 mit seiner Familie, vierzig Reitern und hundert Mann zu Fuß auf, um gemeinsam mit den Kufanern das Erbe seines Großvaters zu retten.

Am 2. Oktober, dem 2. Moharram des Jahres 61 nach islamischer Zeitrechnung, lagert die Karawane Husseins bei Kerbela, einem Flecken am Euphrat, siebzig Kilometer südlich von Kufa. Dort spürt sie am nächsten Tag das umayyadische Heer auf und versperrt ihnen den Zugang zum nahen Fluß; der Wasservorrat ist bald aufgebraucht, kein Schatten lindert die Hitze, nicht nur die Kinder leiden entsetzlich. Vergeblich wartet Hussein auf die versprochene Unterstützung aus Kufa. Wahrscheinlich weiß er nicht, daß der dortige Gouverneur, vom Aufbruch Husseins aus Mekka aufgescheucht, die Bevölkerung inzwischen terrorisiert und unter anderem Husseins Vetter Muslim ibn Aqil hingerichtet hat. Kein Kufaner wagt oder vermag es mehr, dem Imam zu Hilfe zu kommen. Derart im Stich gelassen, wird Hussein vom umayyadischen General Umar ibn Sa'd in tagelangen Verhandlungen zur Anerkennung Yazids gedrängt – ohne Erfolg. Als daraufhin die Schlacht unvermeidlich geworden ist, entläßt Hussein – im sicheren Wissen um den Ausgang des bevorstehenden Kampfes und vom Durst bereits stark geschwächt – seine Gefährten aus dem Treueschwur und fordert sie auf, dem bevorstehenden Massaker zu entfliehen. Dieses Detail ist für das Thema des vorliegenden Aufsatzes sehr wichtig: Hussein will seine zweiundsiebzig übriggebliebenen Gefährten überreden, nicht den Märtyrertod zu sterben. Die Gefährten weigern sich jedoch, Hussein allein der feindlichen Armee zu überlassen, und so ziehen sie am Morgen des 10. Moharram gemeinsam in eine Schlacht, die keiner von ihnen überlebt.[1]

Angefangen mit dem Schriftsteller und Rassentheoretiker Arthur Count des Gobineau, der im dreizehnten Kapitel seines berühmten Werkes *Les religions et les philosophie dans l'Asie centrale* das Geschehen von Kerbela als eine griechische Tragödie interpretierte, haben westliche und iranische Gelehrte wiederholt die Frage nach der Freiheit Husseins diskutiert.[2] Betonten die einen, daß der Imam wissentlich nach Kerbela und damit freiwillig in sein Verderben gezogen, daß er auf dem Weg gewarnt worden sei, sehen die anderen in ihm einen mutigen, aber nicht tollkühnen Helden, der beim Auszug aus Mekka gute Gründe hatte, auf die aufständische Bevölkerung von Kufa zu hoffen. In der Ebene von Kerbela Yazid anzuerkennen verwehrten ihm Charakter und Ehrgefühl, er hätte damit nicht nur die bedrängten Kufaner, sondern auch seine Familie mitsamt dem Propheten verraten. Husseins Passion sei unausweichlich gewesen und daher tragisch im eigentlichen Sinne.

Die muslimische Geschichtsschreibung hält die Schlacht in all ihren Stadien und dramatischen Bildern fest.[3] Beispielsweise schildern die Historiker, darunter auch die sunnitischen wie der große Gelehrte des frühen 10. Jahrhunderts, Muhammad ibn Dscharir at-Tabari,[4] wie Husseins einjähriger Sohn vom Pfeil getroffen wird.

»Wir sind Gottes, und zu ihm kehren wir zurück!« ruft Hussein: »Herr, gib mir die Kraft, dieses Elend zu ertragen.«

Vom Durst gepeinigt, schlägt er sich dann zum Euphrat durch.

»Laßt ihn nicht trinken!« brüllt der gefährlichste Kommandant der Umayyaden, Schimr, eben als Hussein sich niederkniet. »Wenn er trinkt, wird er zum Leben zurückkehren!«

In dem Augenblick, da Hussein trinkt, wird sein Gaumen von einem Pfeil durchbohrt. Er speit das Wasser aus, zieht sich den Pfeil aus dem Gaumen und eilt zu den Zelten zurück. Dort will ihm der General Umar ibn Sa'd den Todesstoß versetzen, doch als Hussein ihn anblickt, weicht er zurück. Dem Blick ist er nicht gewachsen. Da kommt Schimr mit sechs Männern, von denen einer Husseins Arm mit einem Hieb von der Schulter trennt und den Rücken Husseins durchbohrt. Schimr selbst trennt den Kopf vom Rumpf. Der Leib des Imams wird auf Befehl des umayyadischen Generals von den Hufen der Pferde zerstampft und später von Beduinen der Gegend beerdigt; Frauen und Kinder werden verschleppt, Husseins Kopf als Trophäe nach Damaskus gebracht, wo ihn der Kalif Yazid am Osttor der Umayyadenmoschee zur Schau stellen läßt.

Es gibt kein historisches Ereignis, das die Schiiten stärker bewegt hätte als die Aschura (»der Zehnte«), jener zehnte Tag von Kerbela. Noch heute kann es geschehen, daß Iraner, erwachsene Männer und Frauen, auch Angehörige der verweltlichten Mittel- und Oberschicht, plötzlich in Schluchzen ausbrechen, wenn jemand auf den Tod Husseins zu sprechen kommt. Bis auf den letzten, den »Verborgenen« sind alle zwölf Imame der Schia, also diejenigen religiösen Führer, die in der direkten Nachfolge des Propheten stehen, nach schiitischer Überlieferung ermordet worden, aber nur das Schicksal Husseins ist zum Gleichnis des Weltgeschehens als solchem geworden. Verkörpert seine Person das Gute, das Gerechte, das Unschuldige schlechthin, so steht sein Widerstand für jegliches Aufbegehren gegen Unterdrückung und Tyrannei. In Husseins Schmerz drückt sich das Leiden der gesamten Menschheit aus, sein Tod wurde zum Synonym der betrogenen Menschheitshoffnung auf eine bessere Zukunft.[5] Kein historisches Ereignis der schiitischen Geschichte ist ohne den Hintergrund der Schlacht von Kerbela zu begreifen. Besonders im 20. Jahrhundert, als sie von der Staatsmacht verboten, behindert oder zumindest an den Rand gedrängt wurde, erhielt die Trauerfeiern für Hussein oft einen politischen, oppositionellen Charakter, und während der iranischen Revolution, die sich als ein Aufbegehren gegen den »Yazid dieser Zeit« verstand, war der Moharram eine der intensivsten und wichtigsten Phasen. Am 1. Moharram, dem 2. Dezember des Jahres 1978, durchbrach um neun Uhr abends, der Stunde von Husseins Ankunft in Kerbela, der Ruf »Allaho akbar – La elaha ella llah« (»Gott ist am größten – Es gibt keinen Gott außer Gott«) von tausenden Dächern aus die Stille, die den meisten iranischen Städten durch die Ausgangssperre und das Kriegsrecht aufgezwungen worden war. Am 9. und 10. Moharram schließlich strömten jeweils Millionen Menschen zum Freiheitsplatz in Teheran. »Nie war Ashura leidenschaftlicher und fröhlicher als in diesem Jahr«, bemerkte der französische Islamwissenschaftler Yann Richard hierzu: »Der Volkstaumel erreichte seinen Höhepunkt, die Demontranten fielen sich in die Arme: das war nicht mehr die Niederlage von Kerbela, sondern eine Vergeltung gegenüber dem Yazid dieser Zeit.«[6]

Noch der Alltag ist durchsetzt von der Metaphorik jener Ereignisse. Wer im Sommer durch iranische Städte reist, wird allerorten große, eisgekühlte Bottiche finden und Einheimische, die ihm Wasser anbieten. Die beinah religiöse Verehrung des Wassers erklärt sich mit dem Durst, den Hussein in Kerbela gelitten hat. Zum Symbol der Schiiten, das sie als Amulett tragen oder als Standarte hochhalten, wurde die Hand von Abulfazl, dem Halbbruder Husseins, die abgeschlagen wurde, eben als er seinen Gefährten in Kerbela Wasser reichen wollte. Unzählige Ausschmückungen, Wunder, Prophezeiungen und Traumbilder haben sich auf das historische Ereignis gelegt; allein die Legenden, die sich um den abgeschlagenen Kopf Husseins ranken, füllen Bücher. Die schiitischen Erzählungen und Elegien, die alljährlich im Moharram vorgetragen werden, wissen von den alttestamentlichen Patriarchen, die gemeinsam mit Mohammed um die Märtyrer von Kerbela weinen, und kennen den Traum der Sakinah, in dem Gott zweitausend Jahre vor der Erschaffung der Erde dem »fremden, verdursteten Märtyrer« ein Schloß mit weißen Kuppel auf einer Wiese, die vom Himmel zur Erde reicht, errichtet hat. Wer auf persisch einen Brief an Freunde oder Verwandte unterzeichnet, schreibt nicht »Herzliche Grüße« oder »Alles Liebe«, sondern »Dein Opfer«.[7]

Die Passion Husseins wurde zum Gründungsmythos im kulturellen Gedächtnis der Schiiten, und bis zu welchem Grade dieser Mythos als Kritik am tatsächlichen Verlauf der islamischen Geschichte zu verstehen ist, untermauert die Überlieferung immer wieder neu. Yazid, so heißt es etwa, habe vor der Umayyaden-Moschee in Damaskus den Kopf Husseins ostentativ wegtreten wollen, als ein Greis aus der

Menge getreten sei. »Ich habe den Prophet diesen Mund küssen sehen«, habe er den gefürchteten Kalifen angeherrscht.[8] Man muß sich dieses Bild vor Augen führen, um die Trauer der Schiiten und das Messianische ihrer Negation zu verstehen, das Elend Husseins, über dessen Kindheit die frühesten Quellen rührende Anekdoten erzählen, der mit dem Propheten am Boden herumgetollt und auf den Schultern seines Vaters Ali prustend vor Lachen durch Mekka geritten war – das Bild seines abgeschlagenen Kopfes im Dreck, den Kalifen, der zum Tritt ausholt. Die Verhöhnung des ermordeten Prophetenenkels ausgerechnet durch den Führer der Banu Umayya, durch den Nachfahren jener mekkanischen Notabeln, die den Propheten am härtesten bekämpft hatten, ist für die Unterlegenen mehr als nur ein Verbrechen, mehr als eine Schande: Sie steht für die Restauration der vorislamischen Adelsherrschaft, die durch den Islam beseitigt zu sein schien. Daß Yazid im darauffolgenden Jahr ein dreitägiges Massaker in Medina und ein weiteres Jahr später die Zerstörung der Kaaba anordnete, vervollständigt das Bild der Usurpation, insofern nach der Familie des Propheten nun auch dessen Städte, die beiden Ursprungsorte des Islams, den Angriffen des »islamischen« Kalifen ausgesetzt waren. Der Verrat an allem, für das einzutreten Gott den Propheten gesandt hatte, an seiner egalitären Botschaft und seinen direkten Erben, ist für die Schiiten das Urereignis, aufgrund dessen sie die gesamte nachfolgende, mißratene und von den Sunniten geraubte Geschichte des Islams deuten – ein Sündenfall der Menschheit als historisches Geschehen.

Schon vier Jahre nach dem Blutbad pilgerten Büßer zum Schlachtfeld, um eine Nacht lang mit geschwärzten Gesichtern der Ermordung Husseins zu gedenken und ihre Schuld zu bereuen, dem Imam nicht zur Seite gestanden zu haben. Anschließend zogen sie weiter in Richtung Syrien, um sich gegen das umayyadische Kalifat zu erheben, wurden aber rasch und vernichtend besiegt. Trotzdem ist diese Schar von

Männern um Sulayman ibn Surad, einem vornehmen Araber und altem »Parteigänger«, der schon an der Seite Alis gegen Mu'awiya gekämpft hatte, in die Geschichte eingegangen. Sie gilt nicht nur als die Keimzelle der Schia; die Nacht, die die Männer auf dem Schlachtfeld verbracht haben, ist auch die erste bezeugte Trauerkundgebung für den ermordeten Imam. Im Laufe der Jahrhunderte bildeten sich bei den Schiiten rituelle Trauerzeremonien heraus, die jedes Jahr im Moharram begangen wurden. Nachdem 1502 mit den Safawiden zum ersten Mal eine schiitische Dynastie die Macht in Iran übernommen hatte, erhielten das Leiden und die Trauer, die unter sunnitischer Herrschaft eher der privaten, häufig verborgenen oder verbotenen Glaubenssphäre angehörten, einen pathetischen und öffentlichen Charakter. Erst jetzt weiteten sich die Rituale zu spektakulären Prozessionen aus. Verbunden waren sie mit Selbstgeißelungen und Trauerrezitationen semi-professioneller Sänger, später auch mit kunstvoll inszenierten Passionsspielen.[9] Im Mittelpunkt eines jeden der zehn Festtage stand eine andere Episode des Passionsgeschehens. »Acht oder zehen das Fest vorhergehende Tage überschwärzen sich die Eyfrigsten im Gesetze an dem ganzen Leibe und Gesicht, gehen ganz nackend durch die Gassen, nur ein Tuch vor der Scham habend«, beobachtete der französische Reisende Jean-Baptiste Tavernier 1667 in Isfahan. »Sie haben in jeder Hand einen Kieselstein; solche schlagen sie wider einander und machen mit dem Leibe und Gesichte viel närrische Gestalten, schreyen auch unaufhörlich Hussein Hocen, Hocen, Hussein, und zwar mit solcher Gewalt, daß ihnen der Schaum aus dem Maule gehet. Zu abends werden sie von frommen Leuten in die Häuser aufgenommen und wol gespeist.«[10]

Obwohl die Pahlewi-Dynastie im 20. Jahrhundert versucht hat, die Moharram-Rituale einzuschränken oder zu verbieten, haben sie sich vor allem außerhalb der Städte bis in die Gegenwart erhalten. »Ich sah in einem abgelegenen iranischen Dorf eines der stärksten Dinge, die ich jemals im

Theater gesehen habe«, berichtete der große englische Regisseur Peter Brook gut dreihundert Jahre nach Tavernier. »Eine Gruppe von vierhundert Dorfbewohnern, die ganze Bevölkerung des Dorfes, saß unter einem Baum und wechselte – obwohl sie das Ende der Geschichte ganz genau kannte – von schallendem Gelächter zu heftigstem Schluchzen, als sie sah, wie Hussein in Todesgefahr schwebte, wie er seine Gegner überlistete und wie er zum Märtyrer wurde. Und in diesem Moment seines Martyriums, da wurde die Theater-Form eine Wahrheit – es gab keinen Unterschied zwischen Vergangenheit und Gegenwart. Ein Ereignis, das als eine Erinnerung an ein Geschehen vor Hunderten von Jahren erzählt wurde, wurde tatsächlich in diesem Moment zur Realität. Niemand konnte die Linie zwischen den verschiedenen Ordnungen der Wirklichkeit ziehen. Es war eine Inkarnation: In jenem besonderen Augenblick durchlitt er vor den Augen jener Dorfbewohner sein Martyrium noch einmal.«[11]

Die Safawiden haben die Trauerfeiern für Hussein nicht zuletzt aus machtpolitischen Gründen gefördert und ausgeweitet. Sie wollten die damals noch sunnitische Mehrheit der iranischen Bevölkerung an die Schia binden und den Haß auf die Sunniten schüren. Um die Legitimität einer iranisch-schiitischen Dynastie zu sichern, sollte der sunnitische Islam mit den Arabern identifiziert werden. Der Schmerzenskult um Hussein war hierfür das geeignetste Mittel, denn die Passion und der Märtyrertod von Helden sind das herausragende Thema der nationalen iranischen Überlieferung. Nach altiranischer Vorstellung starb bereits der erste Mensch Gayomart einen erlösenden Tod; aus seinem geopferten Körper sollen alle Menschen geboren sein. Auch Husseins Martyrium hat in der schiitischen Volksfrömmigkeit eine erlösende Funktion. Altiranische Legenden sowie zoroastrische Zeremonien und Trauergesänge verbanden sich mit dem Kult des Dritten Imam.[12] So hatte es bereits um den vorislamischen Helden Siyawusch einen

Totenkult mit Prozessionen und Liedern von Magiern gegeben (und noch heute wird in der iranischen Provinz Fars »Die Rache des Siyawusch« als volkstümliches Ritual aufgeführt). Zahlreiche Motive, die in den Passionsspielen auftauchen, finden sich bereits im *Schahnameh*, dem persischen Nationalepos aus dem 12. Jahrhundert, etwa das Motiv des blutgefärbten Flusses oder des Leichnams, der von Pferden zerstampft wird.

Aber nicht nur die genuin iranische, auch die auf Persien ausstrahlende babylonische Kultur kannte das Motiv des Ritualmordes. Wichtige Motive der Passionsgeschichte wie die Fahne, die Hand, das Wasser, das Blut und die »Animalisierung« des Hussein-Mörders Schimr, der nach einer schiitischen Legende eine »Schnauze wie ein Hund und einen Schnurrbart wie ein Schwein« gehabt haben soll, tauchen bereits in den babylonischen Kulten um Adonis und Tammuz auf.[13] Von einer unmittelbaren Einwirkung kann zwar nicht gesprochen werden, doch ist es wichtig festzustellen, daß die Safawiden, als sie den Trauerkult um Hussein förderten, auf etwas zurückgriffen, das der rituellen Form nach in der Kultur verwurzelt war. Der Grund für die rasche Etablierung der Schia als dominierender Glaubensrichtung in Iran dürfte genau darin liegen, daß sich in der Aschura schiitisch-religiöse mit persisch-nationalen Themen vermischten. Hussein ist nicht nur der Enkel des arabischen Propheten, sondern soll, wie unter den Safawiden immer wieder betont wurde, auch Gatte der persischen Prinzessin Schahrbanu gewesen sein; sein Schicksal wurde in der safawidischen Ideologie zum Schicksal Irans.

Die schiitische Volksfrömmigkeit mit ihren Passionsspielen, Geißlerprozessionen, Legenden, Ikonen und Gesängen, wie sie heute in Iran oder dem Süden Libanons verbreitet sind, bildete sich erst unter den Safawiden heraus, in der Neuzeit also. Muslimische Intellektuelle wie Ali Schariati haben den Übergang von einer »roten« zu einer »schwarzen« Schia, von einer Religion des aktiven Aufbegehrens zu einer Religion der passiven Klage heftig kritisiert,[14] und aus anderen Gründen standen und stehen auch große Teile der höheren schiitischen Geistlichkeit den Ritualen der Volksfrömmigkeit skeptisch gegenüber – weil sie ihnen zu ekstatisch, zu synkretistisch, in ihrer Bildwelt zu überspannt erscheinen.[15] Das ändert nichts daran, daß die schwarzen Flaggen und Schleier, die Allgegenwart der Trauer, der Buße und des Todes, die herausgestellte Bereitschaft zum eigenen Opfer, die Zelebrierung des Leidens, die Verehrung des Martyriums und die Hochachtung eines jeden Märtyrers bis heute die schiitische Religiosität beherrschen.

Anders als in der Schia hat das Leiden bei den Sunniten keine zentrale Bedeutung, eher schon im Christentum, auf dessen Nähe zum schiitischen Islam bisweilen hingewiesen worden ist. In der Aschura haben die Motive der vorgeburtlichen Schuld, der Buße und der möglichen Erlösung einen festen Ort – Motive, die der Koran kaum verfolgt, die dem Christentum hingegen vertraut sind. Mindestens ebensosehr wie diese Rituale der Trauer um den Tod Husseins Ausdruck verleihen, dienen sie der Buße über das Urversagen der Gemeinde, den Imam bei Kerbela im Stich gelassen zu haben.[16] Das bringt etwas von einer vererbten, wohlgemerkt aber nachkoranischen Schuld in den Islam, der die Erbsünde an sich nicht kennt. Dem Koran zufolge wird der Mensch gut geboren; Gott hat ihm die Verantwortung übertragen, Gutes zu tun, ihm aber auch die Freiheit zum Bösen gelassen. Daher läßt sich aus dem Koran selbst keine Theologie der Erlösung entwickeln. Die Offenbarung Mohammeds entwickelt ein beinahe mathematisches Verhältnis zur Sünde, das metaphorisch häufig in Bilder aus der Sprache des Handels übertragen wird: Gott rechnet zwar nicht wie ein Krämer, als Allbarmherziger ist er bereit, viele Sünden gegen eine gute Tat aufzurechnen, aber dennoch ist ein Verhältnis gegeben: nur die gute Tat ist Voraussetzung dafür, daß die bösen Taten verziehen werden. Der Glaube allein ist kein Schlüssel zum Paradies, ebensowenig die Reue – auf die

Waage des Jüngsten Gerichts muß der Mensch seine Taten und hier vor allem solche der Wohltätigkeit, Gerechtigkeit und Freundlichkeit legen. Dagegen ist in der schiitischen Volksfrömmigkeit die Vorstellung verankert, daß jeder Schiit Schuld am Tode der Märtyrer trage, man jedoch durch die rechte Gesinnung der Buße, vor allem aber durch die Fürsprache eines Imams, eines Märtyrers also, Erlösung finden könne – und natürlich durch die Nachfolge Husseins, durch das Martyrium selbst.

In der christlichen Welt hat sich die Selbstgeißelung bis heute in Südeuropa und Mittelamerika erhalten. Wer Bilder aus der Prozessionswoche in Guatemala oder der Osterprozession in Sezze Romano mit denen der schiitischen Moharramrituale vergleicht, wird über die Ähnlichkeit staunen. Daß sich der Ablauf der Prozessionen und Passionsspiele und sogar einzelne Symbole wie der mitgeführte Stuhl und die Standarte gleichen, hat manche Forscher und übrigens auch den erwähnten Ali Schariati zu der These geführt, daß der Leidenskult im 16. Jahrhundert direkt aus Europa eingeführt worden sei.[17] Sie wiesen darauf hin, daß sich die Naturerscheinungen, die auf Christi wie auf Husseins Tod folgten, ähneln, und beide Überlieferungen von dem Mörder sprechen, der zurückweicht, oder von den Kleidern der getöteten Heilsfigur, die verteilt werden; und schließlich finden auch die Worte Christi, »Vater, mich dürstet«, ihre Entsprechung im Martyrium Husseins. Für einen unmittelbaren Einfluß des Katholizismus auf die Schia gibt es dennoch wenig Anhaltspunkte, geschweige denn historische Belege. Eben weil sie bis heute nicht hinreichend erklärt ist, bleibt die Nähe der beiden Konfessionen, an deren Ausgang jeweils ein Martyrium steht, irritierend.

Mag es heute auch beinah vergessen sein, hat das Christentum neben der Schia die ausgeprägteste Märtyrertheologie entwickelt.[18] »Allzeit tragen wir Jesu Sterben am Leib herum, auf daß auch Jesu Leben sich an unserem Leben offenbare«, sagt Paulus. »So werden wir ständig mitten im

Leben dem Tod ausgeliefert, damit auch das Leben Jesu an unserem sterblichen Fleische offenbar werde.« (II. Korinther 4, 10-12) Die frühen Christen konnten diese Sätze durchaus wörtlich verstehen; unzählig sind die Legenden, die vom unerschrockenen Gläubigen künden, der in der Auseinandersetzung mit den Repräsentanten des römischen Imperiums lachend immer neue Folterqualen auf sich nimmt. »Ganz richtig, wir wollen leiden«, heißt es in der »Verteidigungsrede« des Predigers Tertullian aus dem 2. Jahrhundert, die er an den römischen Statthalter gerichtet hat. »Also siegen wir, wenn wir niedergemacht werden. Kurz: Wir entkommen, wenn wir unterliegen. Ihr mögt uns Reisig- und Dielen-Leute nennen, weil wir rücklings an den Pfahl, der aus einer halbierten Bohle besteht, angebunden, rings umschlossen von Reisig verbrannt werden. In diesem Aufzug begehen wir unseren Sieg, das ist unser Kleid mit eingestickten Palmenzweigen, auf diesem Wagen ziehen wir triumphierend ein.«[19] Im Mittelalter haben sich die Büßerrituale in Süd- und Westeuropa zu Massenphänomenen entwickelt, und bis in die Neuzeit war die Geißelung eine weithin verbreite Praxis der katholischen Frömmigkeit, zu der meist der Psalter gebetet wurde. »Ich selbst bringe mich vor Gericht, ich selbst spreche meine Strafe, ich selbst vergelte meine Untaten«, hat Petrus Damiani im 11. Jahrhundert das Motiv der tätig Büßenden formuliert.[20]

Im Unterschied zum Christentum hat der Gedanke einer erblichen Schuld für Schiiten seinen Ursprung auf Erden, nicht im himmlischen Uranfang der Menschen; die Schuld gehört nicht wesenhaft zum irdischen Menschsein, wohl aber zur Historie des Islams, sie steht nicht am Anfang der Offenbarung, sondern tritt Jahrzehnte nach ihrem Ende auf. Aber ähnlich wie die christlichen Geißelungen die Erfahrung des Mitleidens bereiten und zugleich als Buße für die eigene Sündhaftigkeit dienen sollen, dient das schiitische Ritual sowohl dem Nachvollzug des initialen Leidens wie der kollektiven Buße einer Gemeinde, an deren Anfang ein

Versagen stand. Und wenn auch der Hauptstrom der schiitischen Theologie aus dieser Urschuld kein weltliches Handeln abgeleitet hat, ist aus dem schiitischen Ritual immer wieder neu die Kraft erwachsen, das Versagen nicht nur symbolisch, sondern durch konkrete politische Aktionen wiedergutzumachen.[21] Da der »Sündenfall« aus schiitischer Sicht in der Geschichte geschehen ist, nicht bereits im Himmel, wurde Erlösung von einer Minderheit auch revolutionär gedacht, als mögliche und anzustrebende Wendung gesellschaftlicher Zustände. Wo immer Schiiten im 20. Jahrhunderts gegen die Unterdrückung aufbegehrt haben, wurden Ritual und Bildsprache der Aschura zum mächtigen politischen Faktor, denn wer das Martyrium als Erlösung aus einem irdischen Jammertal betrachtet, für den verliert der Tod seinen Schrecken – damit konnte und kann politische Herrschaft nicht umgehen, ist doch ihr äußerstes Mittel, um sich zu behaupten, Folter und Tod. Das erlebten die Römer, das erlebte der iranische Schah und anschließend die irakische Armee nach ihrem Einmarsch in Iran, das erleben heute die Menschen in Israel und am 11. September in den Vereinigten Staaten.

Das Martyrium Husseins und die Trauer der Schiiten bereiteten den Boden, auf dem eine Sekte wie die Assassinen entstehen konnte. Als esoterischer Sonderkult haben sie im 11. Jahrhundert das Phänomen des Terroristen, der sich mitsamt seinem Opfer in den Tod reißt, in die islamische Welt eingeführt. Von Alamut aus, in den Bergen des nordwestlichen Irans, soll Hassan ibn Sabah seine Jünger ausgesandt haben, damit sie politische und geistliche Würdenträger vieler islamischer Länder ermordeten und sich selbst einen Platz im Paradies sicherten.[22] Im ersten Golfkrieg hat der schiitische Märtyrerkult iranische Soldaten, darunter Kinder und Jugendliche, in die Minen der Irakis laufen lassen, den Ruf »Ya Hussein« auf den Lippen.[23] Der Kult hat dazu beigetragen, daß sich 1983 erstmals ein Mitglied der libanesischen *Hizbollah* zum Selbstmordattentat bereitfand. Sein

Anschlag auf das Marine-Corps bewog die Vereinigten Staaten zum Abzug aus Beirut. Noch im iranischen Machtkampf von heute spielt die Idee des Martyriums eine kaum zu unterschätzende Rolle. Sie beeinflußt die Mentalität der Protagonisten wie des Publikums und prägt den Code ihres Sprechens wie ihrer symbolischen Handlungen und Gesten. Der überwältigende Wahlsieg Mohammed Chatamis bei den Präsidentschaftswahlen im Mai 1997 etwa wäre kaum möglich gewesen, hätte er nicht geschickt an jene Emotionen appelliert, die spezifisch für eine schiitische Gesellschaft sind. Mit beeindruckender Professionalität stilisierte er sich zum Mann des Volkes, der mit nichts als seinem reinen Herzen gegen das Establishment aufbegehrt; und das Establishment spielte, einmal nervös geworden, nach Kräften mit, indem es den anfangs noch unbekannten Kandidaten durch abfällige Äußerungen, Boykotte der staatlichen Medien oder Auftritte von Schlägertrupps überhaupt erst populär werden ließ. Chatamis Geschick, jede Maßnahme seiner Gegner mit unschuldiger Zurückhaltung zu beantworten und gerade dadurch zusätzliche Punkte zu sammeln, war enorm. Daß etwa das staatliche Fernsehen ihn noch Wochen nach seinem Wahlsieg praktisch ignorierte, veranlaßte ihn nicht etwa zu einer Klage über die ungleichen Machtverhältnisse; vielmehr entschuldigte er sich in seiner ersten Ansprache an das Volk dafür, daß es ihm bislang nicht möglich gewesen sei, direkt zu den Menschen zu sprechen. Allein diese Bemerkung verschaffte ihm bei den Iranern, in deren schiitischer Tradition die Parteinahme für das wehrlose Opfer ein zentrales Motiv ist, wahrscheinlich mehr Unterstützung, als jede programmatische Ankündigung es vermocht hätte. Im kollektiven Bewußtsein vor allem der einfachen und ländlichen Bevölkerungsschichten wurde Chatami, der zudem durch den schwarzen Turban als Nachfahre des Propheten ausgewiesen ist, in die Reihe der schiitischen Imame und ihrer säkularen Nachfolger, den Freiheitskämpfern des neuzeitlichen Iran, gestellt. Stellvertretend für die Gemeinde der Gläubigen führen sie den aussichtslosen Kampf gegen die übermächtigen Usurpatoren oder einfach die örtlichen Bonzen. In kaum einem anderen kulturellen Umfeld vermag die Don Quichotterie so viel zu bewirken wie in einem schiitischen.[24]

In Iran erfaßt die Mentalität des religiösen Selbstopfers auch säkulare, ja areligiöse Akteure, wie es am politischen Ende des liberal-nationalistischen Ministerpräsidenten Mohammad Mossadegh anschaulich wird. Als das Militär auf Betreiben der Vereinigten Staaten 1953 gegen ihn putschte, um Mohammad Reza Pahlewi als Schah einzusetzen, hätte er die Möglichkeit gehabt, das Volk über den Rundfunk auf die Straße zu rufen, wie er es schon oft getan hatte, und Zehntausende wären gekommen, um ihn zu verteidigen. Statt dessen hielt er sich zusammen mit zwei Ministern in einem Keller versteckt. Am Ende des zweiten Tages sagte einer der Minister: »So schlecht ist alles gelaufen, so schlecht.« Und Mossadegh antwortete: »Und doch ist es so gut gelaufen – wirklich gut.« Kurz darauf wurde er verhaftet.[25]

Das Beispiel Mossadeghs macht deutlich, wie falsch und ungerecht es wäre, den Selbstmordattentäter für eine zwingende Folge des schiitischen Märtyrerkults zu halten. Die aus ihm resultierende Opferbereitschaft treibt gerade heute in Iran viele Theologen, aber auch Intellektuelle und Studenten dazu, sich gegen alle Widerstände, trotz Drohungen, Verhaftungen und Ermordungen für Demokratie und Meinungsfreiheit, ja für einen säkularen Staat einzusetzen. Im Alltag äußert sie sich häufig als ausgeprägter Altruismus, der gerade europäische Reisende beeindruckt. Aber auch der Kamikazetäter ist eine, wenngleich marginale, gegen den Konsens der Gelehrten stehende Ausformung des allgemeinen schiitischen Märtyrerkultes.

Von dort also, von der Ermordung Husseins und dem Kult um sein Martyrium zum 11. September? Der Schluß scheint unabweislich. Artikel über die Assassinen fanden sich in beinah allen deutschen Feuilletons; die Parallelen zwischen ihnen und den Attentätern von New York und Washington, zwischen Hassan ibn Sabah und Osama Bin Laden wurden aufgedeckt, eine direkte Linie von den mittelalterlichen zu den jüngsten Selbstmordattentaten gezogen. Die Argumentationskette reichte von den Flugzeugentführern zurück zu den zentralen Handlungsmodellen und Vorstellungen islamischer Religiosität. Allein, der Kette fehlt ein entscheidendes Glied: Der Märtyrerkult ist dezidiert schiitisch, er hat sich in der Opposition zur islamischen Mehrheit überhaupt erst herausgebildet; viele seiner geistigen und rituellen Elemente sind dem sunnitischen Islam wesensfremd, so die Idee der Erlösung, die Notwendigkeit der Buße, Geißelpraktiken, die Idee einer Nachahmung des Leidens. Die Ideologie der Terroristen, was immer wir darüber wissen, ist hingegen dezidiert sunnitisch. Aus westlicher Perspektive mag der Unterschied geringfügig erscheinen, innerhalb des Islams könnte er größer jedoch kaum sein. Die Schiiten gelten sunnitischen Extremisten als Ketzer, und es ist kein Zufall, daß die Taliban 1997 Tausende von Hazara-Schiiten massakriert haben. Viele Afghanen und insbesondere die Hazaras selbst haben Bin Laden persönlich dafür verantwortlich gemacht, die Taliban gegen die Schiiten aufgehetzt zu haben, gelten diese doch dem ideologischem Umfeld von *al-Qaida* als »schlimmer als Juden und Christen!«[26] Direkt kann die Linie, die von Hussein über die Assassinen zum Flug auf das World Trade Center führen soll, jedenfalls nicht sein.

Die Taliban selbst und vor ihnen bereits die afghanischen Mudschahedin haben im Kampf stets auf die Vermeidung eigener Verluste geachtet. Die Idee des anzustrebenden Martyriums wurde von arabischen Freischärlern in den afghanischen Krieg gegen die Sowjetunion hineingetragen, äußerte sich seinerzeit aber nicht einmal bei ihnen im bewußt herbei geführten Opfertod.[27] Man weiß, daß Vertreter der Mudschahedin in den achtziger Jahren bei den Tamil Tigers nachgefragt haben, ob diese gegen Geld Selbstmordattentäter zur Verfügung stellen würden.[28] Die Afghanen selbst kämpften tapfer, aber nicht mit Todesverachtung. Einen Beleg dafür, wie fern der schiitische Märtyrerkult ihnen ist, lieferte ein Vertrauter des ermordeten Schah Masoud im Gespräch mit der *Frankfurter Allgemeinen Zeitung*. Auf die Frage, warum der Anschlag auf den ärgsten Widersacher der Taliban nicht zu verhindern gewesen sei, antwortete er, daß sie mit allem gerechnet hätten, nur nicht mit einem Selbstmordattentat. Die Begründung war verblüffend: Selbstmord und Selbstmordattentate widersprächen dem afghanischen Ehrenkodex und seien nicht einmal den verhaßten Taliban zugetraut worden.[29]

Stehen sie heute auch für das bedrohlich Unverständliche einer einzelnen Religion, sind Selbstmordattentate gleichwohl historisch alles andere als ungewöhnlich. »Im Allgemeinen waren alle Terroristen bis etwa zum Jahr 1900 mehr oder weniger Selbstmordattentäter«, erinnert der Terrorismusexperte Walter Laquer. »Welche Waffen konnten sie benutzen? Einen Dolch, einen Revolver mit einer Reichweite von fünf oder acht Metern, eine relativ unsichere Bombe. Erst im letzten Jahrhundert haben die Terroristen Waffen bekommen, die klein und handlich waren und auf Distanz eingesetzt werden können.«[30] In der Moderne kannte man die Opferung des eigenen Lebens, die dazu dient, möglichst viele Feinde zu töten, lange Zeit nur aus anderen als der islamischen Kultur, vor allem aus Japan natürlich, das dem Phänomen einen Namen gegeben hat. Daß die Bereitschaft zur physischen Aufopferung für Nation, Kaiser oder Führer in Deutschland kaum weniger ausgeprägt war und am Ende des Zweiten Weltkriegs auch die Wehrmacht Kamikazeflieger eingesetzt hat,[31] bleibt in den hiesigen Diskussionen allzu häufig unerwähnt. Weitaus mehr Selbstmordattentate als im Nahen Osten haben bis vor wenigen Jahren Tamilen im Befreiungskampf auf Sri Lanka verübt. Noch häufiger dürfte das Phänomen nur noch in Kolumbien aufgetreten sein, wo meist Drogenbarone den Auftrag geben. Ideologische Motive finden sich dort kaum: Indem der Auftragsmörder den eigenen Tod in Kauf nimmt, sichert er seiner bitterarmen Familie für viele Jahre den Lebensunterhalt.[32]

In den muslimischen Ländern hätte bis vor zwei, drei Jahrzehnten kaum jemand etwas mit dem Begriff des Selbstmordattentäters anzufangen gewußt, für den sich bezeichenderweise auch ein arabischer Neologismus herausgebildet hat, *istischhadi* statt des Wortes *schahid*, das für übliche Märtyrer gebräuchlich ist. Zu schweigen von der sunnitischen Welt, die dem Märtyrerkult ohnehin distanziert gegenüberstand, kamen selbst schiitische Widerstandskämpfer nicht auf die Idee, sich eine Bombe um den Bauch zu binden und sie in einem Kaufhaus zu zünden. In der iranischen Revolution spielte das Selbstmordattentat keine Rolle, im Unterschied zur allgemeinen Idee des Martyriums, der Bereitschaft, ohne Waffen den Soldaten des Schahs entgegenzutreten. Die Opfer der Revolution galten als *Schahid*, als Märtyrer, die auf dem Friedhof einen Ehrenplatz erhielten und auf direktem Wege ins Paradies eingetreten sein sollen, doch blieb der Opfertod auf Situationen des Kampfes oder des gewaltlosen Widerstands begrenzt. Außer im Falle der Assassinen, die ihre Attentate aber nicht mit dem Vorbild Husseins, sondern mit esoterisch-apokalyptischen Vorstellungen vom Jüngsten Gericht begründeten, sah der schiitische Märtyrerkult die gesamte islamische Geschichte hindurch keinen Anschlag auf Wehrlose und Unbewaffnete vor. Zwar erhöhte er die eigene Opferbereitschaft drastisch, doch galt dies theologisch und historisch vor allem im Rahmen kriegerischer Auseinandersetzung – eben dies war das Vorbild Husseins. Der Kult konnte in der religiösen Verblendung und im politischen Extremismus zu den Minengängern im iranisch-irakischen Krieg führen, aber er führte zumindest bis in die achtziger Jahre nicht zum Selbstmordattentat. Und selbst danach war die Selbstopferung zunächst keinesfalls das bevorzugte Mittel schiitischer Kämpfer.

Im libanesischen Befreiungskampf haben die schiitische *Amal*-Fraktion und die *Hizbollah* weniger Selbstmordattentate begangen als etwa säkulare, kommunistische Gruppierungen.[33] Der erste arabische Selbstmordanschlag im Konflikt mit Israel, der damals immerhin schon viele Jahrzehnte währte, fand Anfang der achtziger Jahre statt und wurde von der Syrischen Nationalistischen Partei begangen, die zu einem großen Teil aus arabischen Christen bestand. Als aus den Reihen der *Hizbollah* einige Zeit später erstmals ein schiitischer Attentäter amerikanische Soldaten in die Luft sprengte, stieß er bei fast allen schiitischen Autoritäten des Landes auf Ablehnung, nicht zuletzt mit Hinweis auf das Verbot des Korans, sich selbst umzubringen. In der sunnitischen Welt hatte es da bereits ein spektakuläres Selbstmordattentat gegeben, ausgeführt allerdings nicht von Sunniten: 1972 eröffneten drei Mitglieder der *Japanischen Roten Armee*, deren Führerin Fusaku Shigenobiou am 8. November 2000 in Osaka verhaftet worden ist, das Feuer auf die wartende Menge im Flughafen von Tel Aviv. Sie töteten vierundzwanzig Menschen, verletzten achtzig weitere und machten keinerlei Anstalten zu entkommen, bis zwei von ihnen vom Wachpersonal erschossen wurden. Der libysche Staatschef Muammar Ghaddafi mokierte sich später darüber, daß Ausländer sich für die arabische Sache aufopferten, während die Araber selbst untätig blieben.

Historisch also war es gerade nicht die islamische Kultur mit ihrem strengen Selbstmordverbot, in der sich das Phänomen der Selbstmordattentate entwickelt hat. Heute jedoch verbindet man den Islam damit, und zwar keineswegs aus Böswilligkeit. In Israel, in Kaschmir, womöglich in Tschetschenien, inzwischen auch in Afghanistan und schließlich am 11. September in den Vereinigten Staaten – in all diesen Ländern opfern Muslime ihr Leben, nur um möglichst viele Gegner zu töten. Und obwohl es mindestens in Israel, ähnlich wie in Kolumbien, bisweilen die ausweglose ökonomische Situation und die fürstliche Belohnung für die eigenen Hinterbliebenen ist, deretwegen sich Palästinenser selbst in die Luft sprengen, ist doch das Religiöse jedenfalls bei islamistischen Attentätern keineswegs eine bloße Maskerade, schon gar nicht bei den Führern und Kämpfern von *al-Qaida*, die fast durchweg aus begüterten Kreisen stammen. Die Idee des religiösen Martyriums bestimmt schon seit Jahren ihr Denken. Die Schriften Abdullah Azzams etwa, des Mentors von Osama bin Laden, verherrlichen Märtyrer auf jede erdenkliche Weise und erwecken den Eindruck, als sei es der eigentliche Lebenszweck, sich von Ungläubigen zerfetzen zu lassen, um so der 72 paradiesischen Jungfrauen habhaft zu werden. *Die Liebhaber der Paradiesjungfrauen* heißt sein Buch, in dem Azzam sich gar nicht genug darin ergehen kann, den wundersamen Zustand des Märtyrers zu schildern, dessen Leichnam nie verwese und liebliche Gerüche ausströme.[34] Die rechte Hand Azzams war lange Zeit ein Mann namens Tamim al-Adnani, auch er ein Freund bin Ladens. In den achtziger Jahren reiste er durch die Vereinigten Staaten, um durch Vorträge in englischer Sprache Freiwillige für den Afghanistankrieg zu gewinnen. Dabei sah Al-Adnani nicht eben wie ein Kämpfer aus, er war klein und äußerst dick, und wenn er sich für seine Auftritte in die Kluft des afghanischen Freischärlers schwang, muß das eher komisch gewirkt haben. Die himmlische Belohnung, die er versprach, zeugte von männlichen Verklemmungen, die sich in pornographischen Phantasien entladen; so schwärmte er vor seinen Zuhörern von den jungen Mädchen, die sich nach jedem Geschlechtsakt in Jungfrauen zurückverwandelten, und ähnlichem mehr. Adnani selbst fand allerdings keinen Weg in die Gärten der Märtyrer: Er starb 1990 in Orlando an einem Herzschlag, ausgerechnet beim Besuch von Disney World.[35]

Die Szene könnte bezeichnender nicht sein: Ausgerechnet der Mann, der wie kaum ein anderer dafür verantwortlich dafür ist, den religiösen Märtyrerkult unter sunnitischen Muslimen verbreitet zu haben, starb in Disney World.

Erinnert sei auch an die Biographien der Führer von *al-Qaida*, einer Organisation, deren Struktur deutliche Züge einer religiösen Sekte aufweist: Sie sind keine Hinterwäldler, keine ungelernten Dörfler wie die Taliban, bei denen sie Zuflucht gefunden haben. Sie haben durchweg moderne Lebensläufe aus säkularen, dem westlichen Lebenstil zugeneigten Mittel- und Oberschichten, die durch Bekehrungserlebnisse gekennzeichnet sind. Auf bizarre Weise steht dafür der heutige Führer der Radikalislamisten in England, Abu Hamza, der vor ein paar Jahren noch als Türsteher in einem Londoner Bordell arbeitete.[36] Prototypisch ist aber auch das Leben von Bin Laden selbst: Nachdem er die gleiche, britisch orientierte Eliteschule besucht hatte wie der Schauspieler Omar Sharif, der Filmregisseur Youssef Shahin, der jordanische König Hussein und das halbe ägyptische Kabinett, das Victoria College im polyglotten Alexandria, zog er zunächst zunächst durch das Nachtleben von Beirut und Kairo, bevor er Ende der siebziger Jahre eine religiöse Initiation erlebte und in den afghanischen Widerstand eintrat.[37] Vergleichbar verlief der Lebensweg seines engsten Gefährten Ayman al-Zawahiri, eines Arztes aus bester ägyptischer Familie, dessen Großvater als Generalsekretär der Arabischen Liga bekannt wurde. Erinnert sei auch an die mutmaßlichen Attentäter des 11. September, die durchweg aus der verwestlichten Mittel- und Oberschicht stammten, unter ihnen Studenten, die sich in Deutschland oder anderen westlichen Ländern vollständig integriert zu haben schienen, gute Zeugnisse aufwiesen, über Ökologie, Stadtentwicklung oder die Sanierung historischer Altstädte nachdachten, sich zur Entspannung auch mal einen Joint drehten und am Wochenende zum FC St. Pauli ins Stadion am Millerntor pilgerten. Die Warnungen vor Parallelgesellschaften und Aufrufe zur Leitkultur, die konservative Politiker und Fernseh-Experten des Islams nach dem 11. September mit rechthaberischem Gestus erneuert haben, mögen berechtigt sein oder nicht – nur mit dem 11. September hat das kaum etwas zu tun: Die Attentäter und Helfer, sofern sie aus Deutschland stammten, sind gerade nicht in den fremdsprachigen Enklaven Deutschlands aufgewachsen, haben die Nachmittage ihrer Jugend nicht in den Hinterhof-Koranschulen verbracht, ja sie schienen geradezu Modellfälle einer gelungenen Integration abzugeben, intelligent, erfolgreich, von hoher sozialer und kultureller Kompetenz.[38]

Bei den Verdächtigen, die in den Vereinigten Staaten ihre Heimat gefunden hatten, ergibt sich ein ähnliches Bild. Sie lebten in ruhigen Wohnstraßen, führten ein unauffälliges, aber keineswegs abgeschottetes Familienleben, hatten Freunde in der bürgerlichen Nachbarschaft. Sieben von ihnen wohnten seit Jahren unbeachtet in Delray Beach. Nicht anders als die mutmaßlichen Attentäter aus Deutschland werden auch sie als zuvorkommend und höflich beschrieben. Sie sind nicht an Floridas Ostküste gezogen, um sich zu tarnen, sondern haben ausgerechnet in dieser amerikanischen Kleinstadt von sechzigtausend Einwohnern, die weder über eine Moschee noch über ein islamisches Zentrum verfügt, den islamischen Extremismus für sich entdeckt. Es war nicht nur, daß sie nichts zu verbergen schienen – »sie hatten nichts zu verbergen«, brachte ein Nachbar von Abdul Rahman Alomari, dem saudisch-arabischen Piloten aus Vero Beach in Florida, das Paradox auf den Punkt.[39] So erklärt sich, warum viele ihrer Eltern oder Freunde abstritten, ja in gewisser Weise abstreiten mußten, daß ihre Kinder in einen islamistischen Terroranschlag verwickelt sein könnten. Wenn sich in Palästina ein junger Mann, eine junge Frau in die Luft sprengt, um möglichst viele Israelis zu töten, sind die Eltern keineswegs immer selig, wie es westliche Journalisten darstellen, aber Verwunderung, ja Leugnung der Tat gehört nicht zu den Reaktionen, die von den Hinterbliebenen bezeugt sind. Den Anschlägen liegt stets eine biographische, soziale und politische Logik der Verzweiflung, der Demütigung, des nationalen Kampfes zugrunde, die man pervers, aber nicht hermetisch finden mag, wenn selbst der israelische Verteidigungsminister Benjamin Ben-Eliezer nach Gesprächen mit verhinderten Selbstmordattentätern Verständnis für deren subjektive Beweggründe und Lebensläufe äußert.[40] Nach dem 11. September hingegen zeigten nicht nur die Reaktionen der westlichen Öffentlichkeit, sondern auch die Interviews mit Angehörigen, Lehrern oder Vermietern der mutmaßlichen Attentäter vor allem eins: Unverständnis. Er sei doch so liebenswürdig gewesen, so voller Idealismus, hieß es immer wieder, und am Wochenende sei er in die Disko gegangen, er habe eine Freundin gehabt, Alkohol getrunken – ihr Sohn, ihr Schüler, ihr Mieter ein islamistischer Terrorist? Ausgeschlossen! »Auffällig war nur seine Unauffälligkeit«, »Atta war so weich«, »Lieb, nett und niemals böse«, so überschrieb *Der Spiegel* die drei Artikel, die nach dem 11. September das Profil der Attentäter zeichneten:[41] »Ausgerechnet Menschlichkeit ist das Wort, das immer wieder fällt, wenn ehemalige Kommilitonen über den Studenten Atta sprechen«, wunderte sich ein Reporter des *Stern*.[42] Während die meisten ihrer Eltern bis heute an eine Verschwörung glauben, zeigen sich die deutschen Bekannten von Mohammed Atta, Marwan al-Shehhi oder Ziyad Samih Jarrah zumindest fassungslos, bar jeder Erklärung: Das könne doch einfach nicht sein.[43]

Es kann sein, es kann sogar sehr gut sein: Ich glaube, daß der spezifische Terror des 11. Septembers, der sich außer in der persönlichen Konsequenz für den Attentäter und seine Opfer in allem von den palästinensischen Selbstmordanschlägen unterscheidet, erst dann ein Bild zu ergeben beginnt, wenn man auch diese Teile in das Puzzle einfügt: den Idealismus, die Liebenswürdigkeit und die Integration in die westliche Gesellschaft, die Freundin, den Whiskey und die Disko. Das war keine »perfekte Tarnung«,[44] wie in den meisten Presseartikeln behauptet oder nahegelegt wurde, und auch keine Kuriosität am Rande. Das war ihr Leben. Sämtliche Attentäter verfügen über moderne, städtische

Biographien aus den wohlhabenderen Ständen ihrer Heimatländer, einem schmalen Segment arabischer Gesellschaften, wenn sie nicht ohnehin im Westen aufgewachsen sind. Ihr Alltag, ihre Berufe, ihre Vorlieben und Kenntnisse hatten sehr viel mehr mit einem bürgerlichen Leben in Athen, Buenos Aires oder Kuala Lumpur gemein als mit dem Leben in palästinensischen Flüchtlingslagern, ägyptischen Slums oder jemenitischen Stämmen, ja mit dem Leben eines Straßenhändlers oder Handwerkers, der vielleicht ein paar Straßenzüge entfernt von ihrem Elternhaus wohnte, oder einer anatolischen »Gastarbeiterfamilie« in Berlin-Kreuzberg oder Köln-Mülheim. Sie haben sich an einem bestimmten Punkt ihres Lebens und ohne ihren bisherigen Alltag deswegen aufzugeben, einem religiösen Milieu zugewandt, das sich tatsächlich von deutschen Einflüssen abzuschotten trachtet; sie sind nicht aus diesem Milieu hervorgekommen, sondern haben es für sich entdeckt und sind von dort in eine sektenartig strukturierte, extremistische Gruppierung geraten, nicht anders als die vielen, nicht immer arabischstämmigen Briten, Deutschen oder Amerikaner, die plötzlich in den Reihen der gefangenen Taliban oder *al-Qaida*-Kämpfer auftauchten.[45] Die Gesinnung, auf die sie durch eine einschneidende Erfahrung oder Bekanntschaft gestoßen sind, scheint rückwärtsgewandt, gar archaisch zu sein und greift tatsächlich, denkt man an den schiitischen Märtyrerkult, auf gewisse Ausformungen in der islamischen Tradition zurück – nur daß diese Ausformungen gerade nicht der eigenen sunnitischen, sondern der schiitischen Tradition angehören, die sie für häretisch halten und die selbst wiederum auf zoroastrische und womöglich auch katholische Ursprünge verweist. Wenn man an die Sprache und die Bilder al-Adnanis denkt, kann man nicht leugnen, daß diese religiös-schiitische Tradition in die Gedankenwelt der Terroristen einfließt, aber sie fließt ein als ein Motiv innerhalb einer zutiefst synkretistischen Vorstellungswelt. Mit Zitaten aus den Quellentexten, die um ihren sprachlichen und rezeptionsgeschichtlichen Kontext gebracht sind, mit Versatzstücken aus einer Vergangenheit, die nicht einmal die eigene ist, aber auch aus ganz und gar zeitgenössischen Elementen konstruieren sie eine Tradition. Die Frage, warum Menschen dazu bereit sind, sich in lebende Raketen zu verwandeln, läßt sich also nicht beantworten, indem man die Geschichte Husseins erzählt; der 11. September läßt sich aber wahrscheinlich auch nicht ohne die Geschichte Husseins erklären. Sie verrät etwas über die Herkunft einzelner Bilder innerhalb des Phänomens. Um es zu verstehen, muß man auch auf eine andere Geschichte eingehen, eine moderne Geschichte oder, um es pathetisch zu formulieren: eine Geschichte der Moderne.

Nun kann ich an dieser Stelle diese zweite Geschichte nicht erzählen, sondern nur andeuten, wo die Idee, Erlösung durch die Vernichtung und das kollektive Heil gerade durch die totale Selbstaufgabe zu gewinnen, einen Ursprung in der Moderne hat. Dabei will ich nicht auf die – den Attentätern wahrscheinlich geläufig gewesenen – Science Fictions hinaus, in denen die Anschläge des 11. September, bis hin zum Aspekt der Selbstvernichtung, vorgezeichnet waren. Ich will etwas weiter zurückgehen. In der *Frankfurter Rundschau* schrieb Friedrich Brake, daß man den 11. September am besten mit Nietzsche verstehen könne.[46] Auf einem Podium hörte ich, wie seiner These mit dem Hinweis widersprochen wurde, daß gar nicht bewiesen sei, daß die Attentäter Nietzsche gelesen hätten. Das ist natürlich Unsinn, denn man muß nicht Nietzsche gelesen haben, um dennoch von Wahrnehmungen bestimmt zu sein, denen er Ausdruck gegeben hat. Brake und tiefgründiger noch der tunesische Wissenschaftler Abdelwahhab Meddeb im Gespräch mit *Lettre International*[47] dachten an die Theorie des Ressentiments aus der ersten Abhandlung der *Genealogie der Moral*, die in der Tat zur Psychologie der Anschläge beitragen mag. Ich meine aber, daß Nietzsche in einem noch fundamentaleren Sinne für Denkweisen steht, die sich am 11. September in Handlungen manifestiert haben, und zwar denke ich an eben jenen seiner Kerngedanken, der auch im Faschismus aufgegriffen worden ist: den aktiven Nihilismus.

Es gehört zu den bemerkenswertesten, bis jetzt nicht hinreichend reflektierten Umständen des 11. Septembers, daß er völlig ohne ein Bekenntnis ausgekommen ist. Weder sind politische Konzepte formuliert noch Forderungen hinterlassen worden. Sogar Bin Laden selbst hat es in seinem berüchtigten Video, das am 7. Oktober 2001, am Abend des ersten amerikanischen Luftangriffs auf Aghanistan ausgestrahlt wurde, geradezu auffällig vermieden, die Verantwortung für die Anschläge zu übernehmen, auch wenn westliche Kommentatoren das Video in diesem Sinne auslegten. Genausowenig hat er die Urheberschaft geleugnet. Vielmehr versuchte er den Eindruck zu erwecken, als regneten Flugzeuge, die in amerikanische Wolkenkratzer fliegen, vom Himmel, als seien sie etwas wie eine Naturerscheinung, ein unabwendbarer Fluch, der die Feinde immer und überall treffen könnte. In einem Schlüsselsatz seiner Ansprache weissagte Bin Laden den Amerikanern, niemals mehr in Sicherheit leben zu können; indem er sie absolut setzte, sie ins Allgegenwärtige und damit in die Abstraktion hob, löste Bin Laden die Bedrohung von sich und seiner Organisation, machte sie zu einem immerwährenden, überall zu vergegenwärtigenden Zustand – und stilisierte sich gerade dadurch, daß er sich von der Bedrohung löste, selbst zu einem absoluten Feind, einer abstrakten, metaphysischen Größe. Ganz in seinem Sinne hatte George W. Bush in einer seiner ersten Stellungnahmen nach dem 11. September von einem »enemy without a face« gesprochen und die gesamte Rhetorik der nachfolgenden Wochen darauf ausgerichtet, nicht mehr nur als Repräsentant eines Staates (der Vereinigten Staaten) oder eines Staatenverbundes (der NATO, der Vereinten Nationen) aufzutreten, sondern als Agent eines allgemeinen Willens, der nicht minder zur Abstraktion geronnen ist, ein Agent *der* Freiheit, die Verkörperung *des* Guten. In noch zugespitzterer Weise agiert Osama Bin Laden nicht als Führer eines einzelnen Staates oder wenigstens einer klar umrissenenen Organisation, nicht einmal als reale Person, sondern als ein Phantombild, bereits Minuten nach dem Anschlag des 11. September ausgestrahlt in alle Fernsehstuben der Welt. Begonnen hatte die Verwandlung eines Terroristen in ein Phantom 1998, kurz nach den Anschlägen auf die amerikanischen Botschaften in Dar es-Salam und Nairobi, als der CIA den bis dahin völlig Unbekannten zum schlechthinnigen Feind ausrief – kurz nachdem er ihm zum letzten Mal Begleitschutz gewährt hatte.

Gewiß, in einzelnen Ländern war Bin Ladens Biographie verbreitetet, aber die Mehrheit der Menschen kannte ihn bis zum 7. Oktober nur aus den wenigen Interviewausschnitten, die CNN, BBC und al-Dschazira von ihm wiederholt haben. Osama Bin Laden hat keine Bücher veröffentlicht, keine Manifeste entworfen, keine Doktrin entwickelt, keine auch nur vage umrissene Lehre vorgestellt, nicht einmal Reden mitschneiden lassen – er war zum Hauptgegner der Vereinigten Staaten erkoren worden, und das genügte, um den einen als Fratze des Bösen, den anderen als Mantra des Widerstands zu dienen, und zwar beileibe nicht nur in islamischen Ländern. In Lateinamerika konnte man nach dem 11. September Unterwäsche mit aufgedruckten Bin-Laden-Bildern kaufen, in Südasien verkaufen sich seine T-Shirts bis heute prächtig. Die Ikonisierung hat gerade damit zu tun, daß man so wenig über ihn weiß und er so als Projektionsfläche dienen kann für antiamerikanische Stimmungen in der Dritten Welt. Seine Selbstinszenierung per Video hat genau diesen Effekt verstärkt, denn nun sprach dieses Phantom plötzlich zu den Menschen in der islamischen Welt und wirkte überhaupt nicht wie der Dämon, als der es präsentiert worden war. Zwar drückt sich in seinen Worten ein fanatischer Kampfeswillen aus, aber er sprach nicht wie ein Fanatiker, sondern leise, behutsam, in einem schlichten, überzeugenden Arabisch. Und beängstigend vieles von dem, was er sagte, entsprach dem, was viele, auch friedliche Menschen in der muslimischen Welt denken, aber nur wenige Politiker in dieser Einfachheit zu sagen wagen: über das Leid der Palästinenser, die Rolle der amerikanischen Außenpolitik, die doppelten Standards und das Gefühl, vom Westen täglich erniedrigt und entwürdigt zu werden. Daß der Verzicht auf alle Rhetorik, jedes inszenatorische Mittel in dieser Situation, da ihn die westliche Welt zum wahnsinnigen Terroristen und Ausbund des Bösen stilisiert hatte, selbst das klügste rhetorische Mittel, die beste Inszenierung war – wer weiß, bis zu welchem Grade er selbst es übersah. Jedenfalls ist Osama Bin Laden mit einer kaum fünfminütigen Ansprache innerhalb der islamischen Welt ein mindestens ebenso großer Mediencoup gelungen wie George W. Bush in den Vereinigten Staaten, als dieser sich innerhalb von Tagen vom verunsicherten, verbal um sich schießenden Cowboy in den entschlossenen Weltstaatsmann verwandelte. Dabei entspricht die Ungleichheit der militärischen Instrumente – hier ein paar Taschenmesser, um die Supermacht zu demütigen, dort die größte Militärmaschinerie der Welt, um eines der ärmsten Länder der Welt zu bombardieren – der Unterschiedlichkeit der propagandistischen Mittel: hier eine Videokamera, dort ein Heer aus Beratern, Fernsehstationen und Agenturen. Daß einer von mehreren Führern, von vielleicht drei-, vielleicht fünftausend Extremisten, es überhaupt geschafft hat, zum Hauptgegner der gesamten westlichen Welt ernannt zu werden, daß er in den Medien weltweit als Counterpart des amerikanischen Präsidenten agiert und nicht als der Kriminelle und Mörder, der er ist, übertrifft schon alles, was sich selbst der intelligenteste Terrorist hätte erhoffen können. Osama Bin Laden ist zu einem Markenzeichen geworden, nicht anders, aber erregender als der Stern von Mercedes-Benz oder der Schattendruck von Che Guevara, ein Label wie Gandhi oder Benetton, mit dem längst nicht jeder sich politisch identifizieren muß, der es trägt oder verwendet.

Die eklatante, durch das erste und weitere Videos Bin Ladens gerade nicht aufgelöste Unbestimmtheit der Beweggründe, Ziele und Folgeaktionen steht im Widerspruch zu der nie zuvor erlebten »Effizienz« der Anschläge. Auf noch perfidere Weise klaffen die Offenheit der Motivation und die technische wie strategische Präzision der Ausführung in den Milzbrandanschlägen auseinander, die offenbar von amerikanischen Rechtsextremisten verübt wurden und ebenfalls kaum mehr bewirken sollten als ein allgemeines Gefühl der Angst. Nichts repräsentiert diese neue Dimension des Terrorismus genauer als die jeweils fehlenden Bekennerschreiben. Wenn in der Vergangenheit die *Rote Armee Fraktion*, die PKK, die tamilischen Befreiungstiger, der ägyptische *Dschihad*, radikale Palästinenser oder jüdische Siedler Anschläge begingen, haben sie sich nicht nur voller Stolz dazu bekannt, sie verfolgten mit der Gewalt vor allem konkrete und identifizierbare politische Ziele. Verbunden waren diese Ziele fast immer mit einer verlangten, zu verteidigenden oder zu verändernden Staatlichkeit – aber hier? Man beeilte sich, von einer »Kriegserklärung« zu sprechen, und weiß bis heute nicht einmal, wer genau am 11. September den Krieg erklärt hat – und wem. Den Vereinigten Staaten als souveränem Staat? Dem Westen oder gar dem Christentum? Dem Kapitalismus?

Wenngleich Beweise weiterhin ausstehen und die offiziöse Darstellung der Ereignisse Widersprüche enthält,[48] spricht viel dafür, daß die Attentäter von New York und Washington tatsächlich mit dem Netzwerk *al-Qaida* in Verbindung standen. Und man muß nach den bisherigen Erkenntnissen davon ausgehen, daß die Motivation der materiell gut situierten Attentäter tatsächlich eine religiöse war. Doch meine ich hier, in der äußersten Radikalisierung des Glaubens, just eine Spielart des Nihilismus zu erkennen. »Es fehlt die Antwort auf das Warum«, heißt es bei Nietzsche,[49] aber die Antwort fehlt nicht nur, sie wird im vollen Bewußtsein nicht gegeben. Nietzsches Nihilismus schreitet vom Nein-Sagen zum Nein-Tun, er ist der »Wille zum Nichts«, nicht bloß die Einsicht. »Als persönliches Ergebniß« zieht er die »Verzweiflung« nach sich, als »theoretisches eine Philosophie der Zerstörung«.[50] Nietzsches annoncierter Nihilismus ist »nicht bloße Betrachtung, nicht bloß der Glauben, daß alles Wert ist, zugrunde zu gehen«, vielmehr legt man selbst Hand an, man richtet sich und andere, weniger Hellsichtige, zugrunde. Die »Vernichtung« oder »Ver-Nichtung«[51] richtet sich mithin gegen einen selbst, kann sich aber ebenso gegen die anderen wenden, vielleicht gegen eine ganze Welt. Das ist für Nietzsche die notwendige Konsequenz, wenn man das Nichtssein für besser hält; alles andere sei nur eine müde Ausflucht. In Anspielung auf die seinerzeit vorherrschende Bedeutung des Nihilismus als eines gewalttätigen Anarchismus schrieb Nietzsche, daß der aktive Nihilismus erst dort von keines Gedankens Blässe mehr angekränkelt sei, wo ein »Dynamit des Geistes, vielleicht ein neuentdecktes Nihilin«[52] zur Verfügung stünde – bis hin zur »grausenhaften Ethik des Völkermordes«.[53] Die völlige Vernichtung des anderen wie des Selbst, die in der Logik des alttestamentlichen und auch koranischen Lobes der Schöpfung das Furchtbarste ist, avanciert in Nietzsches Denken zum Heil.[54] Erlösung meint er durch Aufgabe zu gewinnen. Es sei gerade ein Privileg der Menschen, daß sie »sich selber durchstreichen können wie einen missrathenen Satz«.[55]

Gedanken wie diese, aus dem Kontext der Philosophie Nietzsches gerissen, dienten bereits 1904 dem amerikanischen Psychologen G. Stanley Hall zur Rechtfertigung des Völkermordes an den Indianern. Sie haben im Ersten Weltkrieg Studenten und Intellektuelle für die Front begeistert und im Dritten Reich noch giftigere Blüten getrieben.[56] Ihre Relevanz geht aber, wie gesagt, über die unmittelbare Leserschaft hinaus, denn sie stehen nicht für Lehren, die man befolgt oder ablehnt. Man muß nicht Nietzsche gelesen haben, um in seinen Strukturen zu denken. Seine Philosophie ist der prophetische und noch immer genaueste Ausdruck einer gleichzeitigen Selbsterhöhung und Selbstverleugnung, die mit der Moderne einherzugehen scheint und auch in den Romanen Dostojewskis, vor allem in den *Dämonen* vorliegt: »Das tiefste Glück des Menschen besteht darin, daß er geopfert wird«, schrieb Ernst Jünger in den zwanziger Jahren, »und die höchste Befehlskunst darin, Ziele zu zeigen, die des Opfers würdig sind.« Die Verschwörer um Albert Leo Schlageter, die mit Anschlägen gegen die französische Besetzung des Ruhrgebiets kämpften, ehrte er als »Männer, die den Sprengstoff liebten und den Nachweis führten, daß den wirklichen Mann kein Übermaß der Gewalt einschüchtern kann«. Für Jünger verkörperten die Terroristen den Inbegriff deutscher Geistesgröße: »Das ›Liebend unterzugehen!‹ Hölderlins könnte ihr geheimes Sprichwort sein. Gerade der verlorenste Posten hinterläßt die ungetrübteste Erinnerung.«[57] Die Wendung ins Nihilistische hat in Deutschland außer Ernst Jünger auch Oswald Spenglers Phantasie des Gewaltgenies vom »cäsarischen Schlag« beflügelt[58] und lange vor Goebbels den seinerzeit führenden Berliner Theologen Reinhold Seeberg zu einer christlichen Apologie des totalen Krieges verleitet;[59] in anderen Gesellschaften und politischen Situationen sucht sie sich andere Terminologien, Begründungsmuster, Formeln und Handlungsweisen.

Eine solche Denkstruktur ist selbst dann modern, wenn die Bilder, in denen sie sich vermittelt, aus der Tradition oder zumindest aus der Behauptung einer Tradition stammen. Nicht grundlegend anders, als der Faschismus auf das offensichtliche Konstrukt einer arisch-deutschen Urgeschichte zurückgegriffen hat, fügen sich die Terroristen in die Annahme einer religiösen Tradition. Sie hat mit der realen Geschichte der sunnitisch-arabischen Welt kaum mehr zu tun als die Walhalla-Mythologie der Nazis mit der real erinnerten deutschen Geschichte. Alt, traditionell oder archaisch sind die Bilder, aber der Rückgriff auf sie ist dezidiert modern. In seinem Buch *Kamikaze, Cherry Blossoms, and Nationalism* beschreibt Emiko Ohnuki-Tierney das am Beispiel der japanischen Kamikaze-Piloten, die zu 85 Prozent Studenten der besten Universitäten waren.[60] Ihre Tagebücher, die Ohnuki-Tierney analysiert, zeugen von einer intimen Vertrautheit mit der westlichen Geistesgeschichte, mit der griechisch-römischen Klassik, mit Schriften der französischen, deutschen und russischen Literatur, Philosophie, Ökonomie, Geschichte. Insbesondere von der europäischen Romantik angezogen, beschwören sie immer wieder neu ihre Suche nach dem Reinen und Schönen. Es sind ausgerechnet diese jungen Männer, hochgebildet und idealistisch wie Mohammed Atta und die meisten seiner Freunde die sich für den Kamikaze-Einsatz gewinnen haben lassen. Ähnlich wie im Falle der islamistischen Terroristen gelang dies der japanischen Kriegsrhetorik, indem sie auf Motive und Bilder der eigenen, japanischen Tradition zurückgegriffen hat, etwa auf die klassische Trope »Fallen sollt Ihr wie die herrlichen Blütenblätter der Kirsche«. Das Motiv des Opfers, das den Helden erhebt, gerade indem es ihn auslöscht, kannten die Kamikaze-Piloten, wie ihre Tagebücher belegen, bis dahin aus der europäischen Tradition (»Liebend unterzugehen!«); in der Kriegsrhetorik kehrte es ihnen wieder, zugleich vertraut und doch verwandelt, im Gewand der japanischen Tradition, die als eine Tradition der Aufopferung für den Kaiser rekonstruiert wurde. Ein schwärmerischer Satz wie »Binde deinen Wagen an einen Stern« erschloß dem Kamikaze-Einsatz eines Piloten eine völlig neue, mythische Dimension; er machte ihn zum heilsuchenden Ritter der eigenen, ins Religiöse überhöhten Nation. Auf vergleichbare Weise weist der Verhaltenskodex, der im Handgepäck von Mohammed Atta gefunden worden sein soll, den Attentätern durch Anleihen beim Koran und auf die frühislamische Geschichte einen Platz zu im religiösen Urschauspiel des Islams, wie Hassan Mneimneh und Kanan Makiya schlüssig aufgezeigt haben: »An der Oberfläche steigen sie in eine Boeing 757 ein, die vom Logan Airport abfliegt oder von Newark oder von Dulles; aber dem Text nach bewegen sie sich auf einem Schlachtfeld, sind sie Akteure einer großen dramatischen Aufführung, die die Heldentaten der Prophetengenosssen aus dem siebten Jahrhundert beschwört«, schrieben sie in einem detailreichen Beitrag für die *New York Review of Books.* »Es ist, als sollten Männer wie Ali ibn Abi Talib, der Cousin und Schwiegersohn des Propheten, im gleichen Flugzeug sitzen wie Mohammed Atta, Marwan al-Sheh, Ziad Samir Jarrah und die anderen.«[61] Die Ästhetisierung und Mythologisierung des militärischen Kampfes ist nicht bloß Ideologien vorbehalten, sie ist auch aus den Science Fictions bekannt, in denen historische oder archaische Bilder und Konstellationen auf futuristische Szenarien projiziert werden.

Ich erwähnte die Assassinen. Nach dem 11. September wurden sie immer wieder als die Vorfahren und Vorläufer der Selbstmordattentäter von New York und Washington herangezogen.[62] Historisch ist das nicht haltbar, handelt es sich bei ihnen doch um iranische Schiiten, noch dazu Vertreter eines ismaelitisch-esoterischen Sonderkults. Ihre Motive waren eschatologisch, sie wollten das Ende der Welt herbeiführen und also etwas völlig anderes als der politische Terrorismus, der die Welt durch Reinigung gerade zu retten meint. Es ist auch keine Linie nachweisbar, die von ihnen zu einem anderen Phänomen innerhalb der islamischen Geschichte führen würde, schon gar nicht in den sunnitisch-arabischen Extremismus der Gegenwart. Die Feuilletonisten und Diskutanten, die sich plötzlich in Expertisen über die Assassinen ergingen, sahen über diesen Umstand mit ebensolcher Nonchalance hinweg, wie sie Hassan ibn Sabah gern mit dem Alten vom Berge verwechselten, um ihn mit Bin Laden in den afghanischen Bergen zu vergleichen. Mittelalterliche europäische Autoren wie Marco Polo, Arnold von Lübeck oder Benjamin von Tudela, die über die Assassinen schrieben und bis heute ihren Mythos prägen, kannten diese vor allem aus den Polemiken sunnitischer Autoren, denen die Sekte als der Ausbund des Bösen erschien, ja als eine Verschwörung zur Abschaffung des Islams.[63] Es entbehrt nicht einer gewissen Ironie, daß sich das europäische Bild der Assassinen aus den islamischen Polemiken herleitet, die gegen sie verfaßt worden sind, die Assassinnen inzwischen aber für den Inbegriff der Gewalttätigkeit gelten, die vom Islam selbst ausgeht.

Aber auch abgesehen von solchen Schlaglichtern waren die Beiträge deutscher Autoren aufschlußreich, so ein ganzseitiger Essay in der *Süddeutschen Zeitung*, der mit besonderer Akribie nachzuweisen suchte, warum mit Bin Laden der Alte vom Berge wiedergekehrt sei.[64] Die Autorin zitierte hierfür zunächst aus einem Büchlein des angesehenen Orientalisten Bernard Lewis, aus dem alle Zeitungen zitierten, weil es die einzig griffbereite Studie über die Assassinen ist und Denkfaulen die Möglichkeit bietet, nach hundertfünfzig Seiten bereits allgemeine Kulturtheorien über den Islam anzustellen. Dabei beließ sie es aber nicht. Nach einigen Absätzen ging sie dazu über, die Analogien nicht mehr mit Hinweisen aus dem Buch von Lewis, sondern mit Zitaten aus einem modernen Romanen über die Assassinen zu belegen. Da hatte ihr Aufsatz plötzlich und unbeabsichtigt etwas Wahres. Die Assassinen sind eine reale historische Erscheinung gewesen, doch sind sie kein Bestandteil eines kulturellen Gedächtnisses mehr, nicht einmal im schiitischen Iran selbst. Ausführung und Beweggrund ihrer Morde sind kein wiederkehrender, sich durch die islamische Geschichte ziehender Topos. Als realer Ort ist der Berg, den der Schriftsteller Raoul Schrott eigens besuchte, um etwas über den 11. September zu erfahren, heute völlig vergessen, eine ganz normale Kleinstadt, in der nichts und niemand sich an die Assassinen erinnert. Das heutige Alamut ist kein Wallfahrtsort, es weist keine Spur einer Tradition auf, wie Schrott etwas ratlos in der *Süddeutschen Zeitung* vermerkte.[65] Die einzigen Pilger dürften derzeit westliche Intellektuelle und Journalisten sein, die dort eine Erklärung für den 11. September suchen, aber beim besten Willen nichts dergleichen auftreiben können. Die Spuren der Assassinen als einer historischen Erscheinung sind verschwunden. Die Assassinen, zu denen sich Analogien herstellen lassen, sind die Assassinen des Romans, Hollywoods, der Computerspiele. Als ein Mythos der globalen Kulturindustrie gehören sie aber auch zum Archiv eines städtischen, mittelständischen Bewußtseins in der arabischen Welt beziehungsweise von arabischstämmigen Europäern und Amerikanern – nur daß diese den Mythos tatsächlich auf sich selbst beziehen, sich in seine Nachfolge phantasieren können, schließlich stellt er sich als Wesensmerkmal ihrer eigenen muslimischen Geschichte und Tradition dar.

Natürlich weiß ich nicht, ob einer der Attentäter sich selbst als Erbe der Assassinen gesehen hat, aber wenn ja, hätten ihn gewiß nicht Quellen der arabischen Tradition darauf gebracht. Unabhängig davon mag das Beispiel illustrieren, wie Versatzstücke aus der eigenen Tradition, die in dieser Konstellation ohne Vorläufer sind, sich mit fremden, dezidiert schiitischen, vielleicht sogar christlichen Motiven sowie modernen Elementen, Bildern, Denkstrukturen verbunden haben, wie sie eingeflossen sein mögen in ein Amalgam aus Kapitalismuskritik, Märtyrerkult, Drittweltrhetorik, totalitärer Ideologie und Science Fiction.

Daß der 11. September auf Wesensmerkmale der westlich geprägten Gegenwart verweist, nicht auf eine fremde Vergangenheit, läßt sich an vielen Aspekten ablesen. Da sind zunächst die Attentäter und ihre mutmaßlichen Hintermänner, die genauso wie beinah alle westlichen Terroristen der letzten dreißig Jahre aus den Mittel- und Oberschichten der Städte stammen. Unter anderen Umständen, in einem anderen Milieu wären aus ihnen vielleicht militante Globalisierungsgegner, Linksextremisten, Rechtsradikale, Mitglieder einer religiös-scientistischen Sekte oder Zapatisten geworden. In der islamischen Welt äußert sich der Impuls, der sich gegen die Vereinigten Staaten als einzig verbliebener Supermacht und Sinnbild heutigen Seins richtet, in einem islamischen Vokabular. In anderen Kulturen und Ländern sucht er sich anderen Terminologien; wie leicht sie konvergieren, zeigte sich nach dem 11. September, als in westlichen Staaten Rechtsextremisten ihren islamistischen Genossen applaudierten und in vielen Ländern Südasiens und Lateinamerikas das Konterfei Osama Bin Ladens auf Postern und T-Shirts auftauchte. Es zeigt sich am besten vielleicht darin, daß die Anthrax-Anschläge, die die Vereinigten Staaten unmittelbar nach dem 11. September heimgesucht haben, so sehr dem Muster und der Intention der islamistischen Terroristen glichen, daß man sich lange Zeit schwer getan hat, sie der eigenen, rechtsextremischen Szene zuzuordnen.

Noch indem es sich gegen die amerikanisch beherrschte Moderne und ihr politisches System wendet, ist das Psychogramm der Attentate ein modernes, westliches. Vergleiche drängen sich nicht zu den bekannten Formen der islamistischen Gewalt auf, zur *Hamas* oder zur ägyptischen *Gama'a islamiyya*, sondern viel eher zu jenen Terroristen, die sich in einen manichäischen Kampf gegen das Böse sahen und gleichfalls ohne Bekennerschreiben auskamen, zum Una-Bomber, zur *Aum*-Sekte, zu Charles Manson, zu kriegerischen Sekten wie *Heaven's Gate* oder *People's Temple* und vor allem zu Timothy McVeigh. Die religiösen Hintergründe von McVeighs Tat, die offenbar den Angriff des FBI auf ein Lager der Branch Davidian-Sekte in Waco, Texas, rächen sollte, in dessen Verlauf 74 Personen, darunter 21 Kinder getötet worden waren,[66] die Verbindungen McVeighs zu den »Christlichen Patrioten« sind in den offiziellen Verlautbarungen und in der Berichterstattung weitgehend ausgeblendet worden, wie Joel Dyer aufgezeigt hat.[67] Rund achthundert rechtsgerichtete, meist christlich sich verstehende regierungsfeindliche Organisationen und Milizen – mit einer von ihnen behaupteten Mitgliederzahl von mehr als fünf Millionen, wenn auch realistische Schätzungen von nicht mehr als 50.000 Mitgliedern sprechen – haben sich in den Vereinigten Staaten gebildet.[68] Sie nennen sich *Colorado Militia* und *Aryan Nation*, *John Birch Society* und *Republic of Texas*, *Country of Kansas* oder *Army of God*. Sie überfallen Abtreibungskliniken und ermorden deren Ärzte, sie produzieren chemische und biologische Kampfstoffe und entwerfen in Romanen Szenarios gewaltiger Anschläge auf amerikanische Regierungsgebäude. Für die meisten der 3160 (!) Bombenanschläge, die allein in den vier Jahren vor dem Attentat von Oklahoma gezählt wurden, sind sie verantwortlich. Ihr Kampf richtet sich gegen den gleichen Gegner wie der Kampf der *al-Qaida*: nicht gegen die Vereinigten Staaten als Nation oder Volk, sondern als politisches und ökonomisches, intranationales System, das angeblich von Juden, Banken und den Vereinten Nationen gelenkt wird. McVeighs Anschlag in Oklahama zeugt nicht minder als derjenige in der Tokioer U-Bahn oder der 11. September von einem allgemeinen, pathologischen Haß, der nicht mehr wie bei den Gewaltakten der *Roten Armee Fraktion*, der ETA oder der *Hamas* mit einem konkreten, identifizierbaren Motiv einhergeht. Verübt wird diese Form der Gewalt von messianisch-militaristischen Gruppen, die in ihrer so vagen wie kruden und metaphysisch gestimmten Programmatik, in der Rekrutierung und Abschottung ihrer Mitglieder und in der Art ihres Führerkults eher Sekten gleichen denn politischen Organisationen im herkömmlichen Sinne. Dazu fügt sich, daß kaum eine dieser Gruppierungen mehr innerhalb des Koordinatensystems einer gewollten oder angegriffenen Staatlichkeit zu orten ist.

Der bekenntnislose Terror richtet sich gegen einen Feind, der zur Abstraktion geronnen ist, gegen eine schon metaphysisch zu nennende Übermacht, gegen etwas, das man wegen des mythologisierenden Einschlags das *Empire* nennen könnte. Als Analyse der derzeitigen weltpolitischen Lage mag man dem gleichnamigen Buch von Antonio Negri und Michael Hardt widersprechen, aber als Ausdruck einer immer weiter sich festsetzenden Wahrnehmung, die weltweit kluge und engagierte Menschen, aber eben auch islamische, amerikanische oder japanische Extremisten in Grundaspekten teilen, ist es an Präzision kaum zu übertreffen.[69] Der Begriff *Empire* ist insofern treffend für diese je nach Blickwinkel feindliche, akzeptierte oder verehrte Größe, als sie nicht mehr als eine Nation agiert und bekämpft wird, als ein Staat, sondern ihre Legitimation immer allumfassender versteht, als globale Macht, als Reich des Guten, als natürlicher und notwendiger Führer der Welt. Die manichäische Rhetorik westlicher Politiker nach dem 11. September verhält sich in erschreckender Weise spiegelbildlich zu derjenigen Osama Bin Ladens. Man muß gar nicht an Bushs Wort vom »Kreuzzug« oder an Berlusconis Ankündigung, die islamische Welt zu erobern, erinnern, um darauf hinzuweisen, daß die Mechanik und die Religiosität des Arguments im Westen so unbekannt nicht ist. Wenn der amerikanische Präsident die Bereitschaft einer Viertklässlerin lobt, ihm ihren Dad »zu geben«, ist das beinah identisch mit Äußerungen aus muslimischen »Märtyrerfamilien«.

Der Terror des 11. Septembers ist ähnlich wie derjenige von Oklahoma oder Tokio, ähnlich auch wie die Anthrax-Anschläge symbolischer Art; er ist nicht gegen bestimmte Personen oder Regierungen gerichtet, nicht auf die maximale Anzahl von Toten aus (dann hätten die Entführer ihre Flugzeuge in Atomkraftwerke gelenkt), sondern soll eine abstrakte Größe treffen – und eben weil sie abstrakt ist, kann sie es nur tun, indem sie deren Symbole trifft. Das gilt für die U-Bahn von Tokio, das gilt auch für den Anschlag von Oklahoma, der sich an dem Tag ereignete, an dem zweihundertzwanzig Jahre zuvor die amerikanische Revolution begonnen hatte, wie Timothy McVeigh stets betonte. Das gilt am deutlichsten für den 11. September, der mit dem World Trade Center und dem Pentagon die beiden Symbole gerade nicht des politischen Amerikas, sondern eines global sich erstreckenden, militärisch gestützten, politisch-ökonomischen Systems zu zerstören trachtete. Mit Blick sowohl auf die konkret getroffenen Ziele wie auf die Allgemeinheit des Feindes, für die sie stehen, offenbart der Tag eine neue Dimension des Terrors, die ich nur deshalb nihilistisch zu nennen versucht bin, weil das Wort selbst die Chiffre der höchstmöglichen Abstraktion, nämlich des Nichts ist. Denn nicht nur wird der Feind nicht mehr als konkrete Regierung oder Armee verstanden; die Gewalt selbst gerinnt zur Abstraktion wie bei den Anthrax-Anschlägen oder bei Bin Ladens Warnung, daß es von nun an jeden Amerikaner überall treffen könnte. Sie ist allgegenwärtig und damit gleichzeitig nirgends: Würde sich das Wort wegen der Prägung Nietzsches nicht aufdrängen, könnte man also statt von einem nihilistischen genauso gut von einem absoluten Terror sprechen.

So konsequent die Attentate auf eine symbolische oder abstrahierte Größe zielten, ist es nur folgerichtig, daß sie als ein Medienereignis für ein Milliardenpublikum inszeniert worden sind, einschließlich der zehnminütigen Pause, innerhalb derer die Kameras aufgestellt werden konnten. Bis ins Detail hat das amerikanische Kino, haben Filme wie *Independence Day*, *Armagedon* oder *Codeword Swordfish*, die Anschläge von New York und Washington antizipiert: zerberstende Wolkenkratzer, entführte und zum Absturz gebrachte Flugzeuge, Anschläge mit biologischen und chemischen Sprengsätzen auf die Großstädte der Vereinigten Staaten. So etwas haben sich nicht afghanische Stammeskrieger ausgedacht, sondern Menschen, die in eben jener Gegenwart stehen, die sie bekämpfen. Mohammed Atta soll gelacht haben, als er 1997 zusammen mit einem dänischen Freund auf Video die Szene aus dem Film *True Lies* mit Arnold Schwarzenegger sah, in der ein arabischer Terrorist rittlings auf einer Rakete in ein Hochhaus fliegt.[70] »Nicht die Gewalt des Realen war zuerst da, gefolgt vom Gruseleffekt des Bildes, sondern es verhält sich eher umgekehrt: Am Anfang war das Bild, und erst dann kam der Schauder des Realen«, schrieb Jean Baudrillard nach dem 11. September: »Gleichsam eine zusätzliche Fiktion, eine Fiktion, welche die Fiktion übertrifft.«[71] Die Kommentare von Medientheoretikern, die einen Einbruch der Realität in die hyperreale Simulation konstatierten (»Welcome to Reality« oder »Last Exit Reality«), treffen dabei nicht den Kern des Vorgangs; eher wäre im Sinne von Deleuze zu sagen, daß die Bildmedien keine Realität simulieren, sondern im Gegenteil die Realität nurmehr in den Kategorien der Medien stattfindet. Nicht einmal den Namen seiner Apokalypse hat der 11. September erfunden, stammt er doch aus der Schlußszene des *Fight Club*, in welcher der gesamte Financial District in ungeheuerlichen Explosionen in sich zusammenstürzt: *Ground Zero*.[72]

Noch die altertümliche Rhetorik, mit Hilfe derer sich Osama Bin Laden nachträglich inszeniert hat, ist ein Zeugnis für die These der Simulation, die selbst Realität geworden ist. Zwar wies der Ort der Aufnahme auf die Urgeschichte des Islams, die in einer Höhle ihren Ausgang nahm, aber in seiner ästhetischen Intelligenz zeugt das Bild von einer intimen Vertrautheit mit den Mechanismen des fortgeschrittenen Medienzeitalters. Daß Bin Laden und seine Mitstreiter in ihren langen Gewändern und mit ihren ostentativ asketischen Bewegungen, Zügen und Haltungen selbst wie Propheten oder zumindest Prophetengenossen aussehen, ändert nichts daran, daß sie vor ihrer Kostümierung in feinen westlichen Straßenanzügen durch das Leben geschritten sind. Nicht die Straßenanzüge waren die Tarnung, nicht der »westliche« Lebensstil, wie es in bezug auf die mutmaßlichen Attentäter immer wieder hieß, vielmehr sind die Gallabiyas, die Bärte, die archaisch-religiöse Gesinnung ein Kostüm, das sie sich über ihre modernen Lebensläufe gestreift haben. Man muß die Farbe und Form des Kostüms ernstnehmen und sich daher durchaus mit den islamischen Hintergründen des 11. Septembers beschäftigen; aber man muß genauso ernstnehmen, daß es sich um ein Kostüm handelt. Bin Ladens klares Hocharabisch etwa evozierte das sprachliche Bild einer Tradition, doch sprechen die tatsächlichen Erben der theologischen Tradition ganz anders. Der Verzicht bin Ladens auf allen ästhetischen Glanz, auf alles Ornament, der sich als ästhetisch wirkungsvollstes Mittel erwies, ist eine Absage an alle rhetorischen Traditionen des orthodoxen Islams und der arabischen Welt.[73] In analoger Weise gilt dies für Bin Ladens Ideologie, soweit sich Reste davon entziffern lassen. Die Einheit von Staat und Religion, die ihm wahrscheinlich vorschwebt, wird als Seinszustand des Islams ausgegeben, hat sich als Idee jedoch erst im Zuge der Nationalstaatsbildung herausgebildet. In keinem arabischen Text vor dem 19. Jahrhundert taucht sie auf.[74] Ebensowenig ist der Drang zur Selbstvernichtung, der sich durch die Vorstellung der eigenen oder totalen Erlösung definiert und legitimiert, aus dem Mittelalter vertraut.

Allgemein läßt sich der Fundamentalismus durch die Absage an die gewachsenen Tradition geradezu definieren, propagiert er doch die Rückkehr zu einem reinen, also nicht von der Geschichte und ihren Entwicklungen beschmutzten Ur-Anfang. Aber immerhin kennt die Geschichte des islamischen Fundamentalismus große Denker, gefährliche, aber immerhin komplexe theoretische Gerüste, reaktionäre, aber originelle Interpretationen der Quellentexte. Nichts davon ist in der Programmatik von *al-Qaida* übriggeblieben, die so leer und allgemein ist, daß sich die meisten Biographen Bin Ladens gar nicht erst damit beschäftigen. Eben weil ihr *Dschihadismus* theologisch simpelst gestrickt, auf die bloße Dichotomie von Glaube und Unglaube, von verboten und erlaubt reduziert ist, mag er global Anklang gefunden, eine vollkommen vorläuferfreie, islamische Internationale des Terrors begründet haben: ein Big Mäc des Islams, der die gelebten Traditionen auslöscht, alle Unterschiede und Ambivalenzen nivelliert, jede lokale Prägung leugnet (darunter auch die eigene, die er als allgemeingültig ausgibt); ein Islam, so fade wie gefährlich, sinngebend auf verführerisch klare

Weise und universal zu konsumieren. »Meiner Meinung nach ist es die Aufgabe der Philosophie, den Menschen zur tieferen Einsicht zu verhelfen, damit sie ›Rezepte‹ für sich entdecken, die ihnen sagen, was sie tun sollen«, sagt Hiroyuki Kano in einem der Interviews, die der Schriftsteller Haruki Murakami mit Mitgliedern der *Aum*-Sekte geführt hat und die sich über weite Passagen, bis in die biographischen Angaben (die Ähnlichkeiten des beruflichen und sozialen Hintergrunds sind verblüffend) lesen, als seien sie mit den jungen Menschen geführt worden sein, die sich im Netzwerk von *al-Qaida* verfangen haben. »Die Hauptsache sind für mich die ›Rezepte‹, sie sind der Weg. Aber die Bücher, die ich gelesen habe, dienten lediglich dem Zweck, die sprachlichen Fähigkeiten der großartigen Herren Gelehrten vorzuführen. Dieser wichtigtuerische Kram kann mir gestohlen bleiben.« Obwohl sie sich auf die eigene religiöse Tradition berufen, sind ihnen die Deutungen klassischer wie zeitgenössischer Autoren »zu verschlüsselt, zu wenig direkt. Ich kann kein ›Rezept‹ darin entdecken.«[75]

Die Verwechselbarkeit, weil Simplizität der Kernmotive bedeutet allerdings nicht, daß man deswegen von den jeweiligen religiösen und historischen Motiven absehen kann, um einem Phänomen wie *al-Qaida* auf die Spur zu kommen, und vom sozialen und politischen Kontext, in dem es entstanden ist und sich unter den arabischen Migranten in Europa und den Vereinigten Staaten ausgebreitet hat. Es ist ein Terror, dessen intellektuelle Strukturen denen ähneln, die auch bei der *Aum Shinrikyo* oder den religiösen Extremisten in den Vereinigten Staaten zu beobachten sind. Die Strukturen allein erklären aber so wenig, wie es André Glucksmann tut, wenn er alle möglichen Ideologien der Moderne über den Kamm des Nihilismus schert:[76] Es sind jeweils spezifische soziale und geistige Voraussetzungen, die zu je verschiedenen Lehren eines endzeitlichen Kampfes zwischen Gut und Böse führen. So wenig man den 11. September mit, sowenig kann man ihn ohne die Geschichte

Husseins verstehen – sollten die Fakten auch nur in Grundzügen dem entsprechen, was wir zur Zeit annehmen müssen, bleibt es ein »islamischer« Terrorismus, auch wenn alle namhaften Autoritäten des Islams anderes predigen. Mögen Shoko Asaharas Lehren zu weiten Teilen dem New Age angehören und als solche Anhänger auch in Dänemark und Deutschland finden, so ist seine *Aum Shinrikyo* dennoch ein genuines Produkt der japanischen Religionserfahrung. Der Rekurs auf buddhistische Denkfiguren ist bei ihm allgegenwärtig, auch wenn er freilich mit Vorliebe die gewalttätigsten übernimmt, so ein wesentliches, dreifaches Prinzip des Tantrismus: Wenn er es für richtig hält, kann der Guru Gewalt auslösen; die Gewalt muß von seinen Jüngern verübt werden, und den Opfern wird die Gewalt nutzen.[77] Die Lehren des verstorbenen Rabbiners Meir Kahane, die unter anderem den Mord an Itzhak Rabin oder das Massaker in der Ibrahim-Moschee in Hebron inspiriert haben, entsprechen keiner allgemein akzeptierten jüdischen Doktrin – dennoch sind sie spezifisch jüdisch. Man kann das genau kalkulierte Datum zum Purimsfest und gleichzeitig zur Mitte des Ramadans nicht ignorieren, will man erklären, warum Dr. Baruch Goldstein am 25. Februar 1994 29 betende Muslime getötet und 150 weitere verwundet hat; die bibelgestützte Forderung, eine extrem weit gefaßte Kategorie von »Feinden« auszulöschen, bliebe ohne die Zwangsvorstellung, das mythische Bild von den Juden als Opfer umzukehren, vollkommen rätselhaft. Nicht anders läßt sich über den christlich sich legitimierenden Rassismus der nordamerikanischen Rechtsextremisten sprechen, ohne auf die politische und religiöse Geschichte Nordamerikas einzugehen, auf die er sich fortwährend beruft. Man mag mit Glucksmann von all diesen Besonderheiten absehen, und von jeweiligen sozialen Kontexten noch dazu – aber die Perspektive ist dann so weit gefaßt, daß sie alles zeigt und damit nichts. Analog zum Islam der neuen terroristischen Internationalen entsteht dabei kaum mehr als ein Big Mäc der

Weltdeutung, in allen Konfliktlagen konsumierbar, ähnlich fade, aber wenigstens nicht genauso gefährlich.

Auch in den Aussagen darüber, was die militanten Erlösungssekten verbindet, muß man sich nicht mit Dostojewski und schon nicht gar nicht mit Flaubert begnügen. Abgesehen von ähnlichen organisatorischen Strukturen lassen sich eine Reihe von ideologischen Gemeinsamkeiten und verwandten Bildern konkret identifizieren. Faschistoide Züge sind dabei nicht zu verkennen, wäre es auch zu allgemein, diese Bewegung pauschal dem Faschismus zuzuordnen. Beispielsweise teilen, soweit ich es sehe, die genannten, exzentrisch chiliastischen Gruppierungen, die um hinduistische Beispiele zu erweitern wären, ein fanatisches Bedürfnis nach Reinheit und die Bekämpfung sinnlich-sexueller Regungen, wie es am skurilsten das Testament Mohammed Attas zum Ausdruck bringt, wonach schwangere Frauen und unreine Personen niemals sein Grab besuchen und die Genitalien des Toten nur mit Handschuhen gewaschen werden sollen. »Rasiere das gesamte überflüssige Haar von deinem Körper, parfümiere deinen Körper und wasche deinen Körper«, beginnt auch das Vademecum für den Anschlag mit dem Motiv der Reinigung.[78] Sie wird ganz konkret gefaßt, als persönliche Hygiene und Eindämmung von allem, was ein Sektenmitglied von *Aum* »unkontrollierte Begierde« nennt,[79] aber auch im übertragenen, ideologischen Sinne, etwa als Säuberung von »dem dampfenden, stinkenden, verrottenden Milieu so vieler fremder Rassen, Kulturen und Götter, von fremden Einflüssen«, wie sie in der Ideologie der *Christian Patriots* einen Kernpunkt bildet.[80] Nur innerlich gereinigt und von allen äußeren Einflüssen befreit sehen sie sich in der Lage, der Überzahl der Feinde zu trotzen, denen sich all diese Bewegungen ausgesetzt sehen, verbunden natürlich mit Verschwörungen, die sie buchstäblich überall wittern und mit Vorliebe den Juden zuordnen (außer im Falle der jüdischen Terroristen natürlich, die notgedrungen auf die Araber ausweichen). Die Feinde, das ist nicht nur diese oder jene Regierung, wie im Terrorismus der herkömmlichen Art, dieser oder jener Staat oder Staatenbund oder Erdteil – es sind *alle anderen*: Die Nicht-Muslime, die Nicht-Juden, die nicht-weißen Amerikaner, die Nicht-Hindus, die gesamte Außenwelt von *Aum.* »Die ganze Welt ist nun in zwei Lager geteilt«, sagte es Osama Bin Laden in seiner Ansprache vom 7. Oktober 2001, »das Lager der Gläubigen und das Lager der Ungläubigen«.

Aber nicht nur ist das Lager *der anderen* ohnehin schon größtmöglich veranschlagt – ihren Lehren ist auch die Tendenz inhärent, es beständig zu erweitern. Die Ungläubigen im *Dschihadismus* Bin Ladens sind längst nicht mehr nur die Heiden, die Juden, die Christen, sondern ebenso alle Muslime, die nicht mit ihnen sind. Es gibt in ihrem Kampf »keine Neutralität«, wie es George W. Bush erkannt, aber leider auch übernommen hat.[81] Aus Shoko Asharas früher Überzeugung von einer wahnhaften Feindschaft der Amerikaner gegen die Japaner im allgemeinen und gegen seine Person im besonderen erwuchs innerhalb seiner Sekte eine Haltung paranoider Erwartungen, wie sie auch andere terroristische Bewegungen ihrer Art teilen, die die Welt als Kampfstätte zwischen Gut und Böse ansehen. Die Zahl der Personen und Gruppen, die Ashara zu Todfeinden erklärte, wurde immer größer und umfaßte nicht mehr nur die Regierung der Vereinigten Staaten und deren Marionetten in Tokio (die unter anderem für das Erdbeben von Kobe im Januar 1995 verantwortlich gewesen seien), sondern allmählich auch eine rätselhafte internationale Verschwörung von Freimaurern, Juden und Großfinanziers, ganz ähnlich den Ansichten innerhalb der *Christian Patriots*.

Analog zu der Zahl der erklärten Feinde steigern sich die Phantasien und Pläne der Vernichtung ins Unermeßliche. Bin Ladens originärer Kampf gegen die russische Besatzung Afghanistans und die Regierung Saudi-Arabiens wandelte sich in den neunziger Jahren zu einem Krieg gegen die »Koalition aus den Juden und den Kreuzfahrern«, wie er in seiner Erklärung von 23. Februar 1998 formulierte. »Die Amerikaner und ihre Verbündeten, ob Zivilisten oder Militärs, zu töten und zu bekämpfen ist die Pflicht eines jeden Muslims in jedem Land«, hieß es dann in seiner *fatwa* vom 22. Februar 1998 lapidar und beispiellos in der Geschichte des Islams: »Im Namen Gottes rufen wir jeden Muslim, der an Gott glaubt und um Vergebung bittet, auf, dem Befehl Gottes zu gehorchen, indem er Amerikaner tötet und ihr Geld stiehlt, jederzeit und wann immer es möglich ist.«[82] Zu steigern ist eine solche Anweisung nur, wenn es nicht mehr bloß darum geht, möglichst viele, sondern möglichst viele Feinde auf einmal zu töten, in einem spektakulären und notwendig medial zu inszenierendem Akt wie dem 11. September – *think big*. Inspiriert von den apokalyptischen Zerstörungsphantasien seines Lieblingsbuchs, des Romans *The Turner Diaries* von William L. Pierce, strebte Timothy McVeigh mit seinem Anschlag in Oklahoma eine Kettenreaktion an, die zu einer nuklearen Katastrophe führen sollte. Auch das Buch erreicht seinen Höhepunkt erst, als die Terroristen ein Nukleararsenal der Vereinigten Staaten besetzen und mehrere amerikanische Städte vernichten, bevor sie die Waffen gegen Israel und die Sowjetunion richten. Obwohl die *Christian Patriots* bislang weit weniger Menschen umgebracht haben als islamische Terrroristen, gibt es aufgrund der bisherigen und zahlreichen rechtzeitig verhinderten Anschläge kaum einen Zweifel daran, daß zumindest einzelne Gruppen willens sind, wahllose Massentötungen zu begehen, atomare, biologische oder chemische Kampfstoffe einzusetzen.[83] Auch in der Vorstellungswelt des *Aum*-Gründers Asahara war der Sarin-Anschlag von Tokio noch von vergleichsweise geringer Zerstörungskraft, zumal glückliche Umstände eine weit größere Anzahl von Opfern verhinderten. In nuklearen Waffen sah der Guru »so etwas wie Gottheiten mit der Fähigkeit zur grenzenlosen Zerstörung, aber auch zur Schöpfung«, wie Robert Jay Lifton in seinem Buch über die Sekte schreibt.[84] Die Gruppe von

Terroristen aus der ultranationalistischen Siedlerbewegung *Gush Emunim* (»Block der Gläubigen«) hat 1984 nach ihrer Festnahme gestanden, unter anderem mit Plänen beschäftigt gewesen zu sein, den Felsendom in Jerusalem in die Luft zu sprengen. Die 28 Präzisionsbomben für die sogenannte »Tempelberg-Operation« hatten sie bereits gebaut, den entsprechenden Segen ihrer Geistlichkeit eingeholt. Mit dem Anschlag wollten sie einen Krieg mit der muslimischen Welt auslösen, in dessen Verlauf Israel sich gewungen sehen sollte, sein nukleares Arsenal einzusetzen. Im Ergebnis würden die Juden die Araber vollständig auslöschen und eines neues, theokratisches »Königreich Israel« errichten. Die gleiche gefährliche Mischung aus messianischen Erlösungsvorstellungen und geistlicher Billigung des Massenmordes kam ein Jahrzehnt später beim Massaker an der Höhle des Patriarchen zum Vorschein. Wie die Verschwörer vom Tempelberg sah sich auch Baruch Goldstein als Werkzeug der endzeitlichen Erlösung, die durch zerstörerische Kräfte heraufbeschworen werden sollte. Daß er selbst sich der großen Sache opfern, daß ihn schließlich die Palästinenser überwältigen und zu Tode prügeln würden, muß der Kahane-Schüler einkalkuliert haben. Sein Grab wird nun als das Heiligtum eines jüdischen Märtyrers verehrt und von ultrareligiösen Nationalisten bewacht.[85] Ähnlich hat die extreme Rechte in den Vereinigten Staaten inzwischen etliche Märtyrer hervorgebracht, um die sie einen regelrechten Kult treibt. So gilt das Datum der Explosion in Oklahoma City am 19. April als der Tag eines heiligen Martyriums. Timothy McVeigh, durchdrungen von diesem Kult, schien besessen darauf gewesen zu sein, sich selbst in einem medialen Großereignis zu vernichten.[86] Statt zu versuchen, seine Hinrichtung zu verhindern oder wenigstens aufzuschieben, setzte er lange Zeit alles daran, die öffentliche Übertragung seines Todes zu ermöglichen. »Der Baum der Freiheit muß von Zeit zu Zeit erfrischt werden mit dem Blut von Patrioten und Tyrannen«, stand auf dem T-Shirt, das Timothy

McVeigh am Tag des Anschlags trug.[87] Er meinte auch sein eigenes Blut.

Der Amoktäter ist ein moderner Mensch, nicht bloß, wenn er einer religiösen oder nationalistischen Organisation angehört. Als wenige Tage nach dem 11. September ein Schweizer Bürger zunächst Abgeordnete des Kantonalparlaments von Zug und anschließend sich selbst umgebracht, war man erleichtert, daß das eine mit dem anderen nichts zu tun zu haben schien. So gänzlich unverwandt sind beide Anschläge jedoch nicht. Durch eine einzige, unbedingt öffentliche Tat gewinnt der Amoktäter ein Surrogat für das, was einer modernen Gesellschaft beinah per definitionem fehlt: ein umfassender Sinnzusammenhang, der dem Individuum seinen Platz zuweist. Vor der Tat steht eine Phase des Rückzugs, der Abschottung, der subjektiv empfundenen Ablehnung oder bewußten Isolation, selbst wenn die bürgerliche Existenz formell aufrechterhalten wird (»Wir waren bis zu dieser brutalen Wahnsinnstat eine ganz normale Familie«,[88] sprach aus dem Vater eines deutschen Amoktäters exakt dieselbe Ratlosigkeit, die auch die Angehörigen und Bekannten der Attentäter vom 11. September vereinte). Aus diesem Leerraum, in dem das Individuum sich als passiv, anonym und vollständig auf sich selbst gestellt erlebt, schießt oder bombt es sich in einer feuerwerkartigen Selbstinszenierung Bedeutung herbei, es wird für ein paar Sekunden zum totalen Handelnden, zum Rächer eines überstark empfundenen Unrechtes, das wiedergutzumachen ihm seine Persönlichkeit oder die äußeren Umstände keine Möglichkeit gegeben haben. Dank seiner logistischen Überlegenheit ist seine Macht absolut, ist er Drehbuchautor, Regisseur und Dramaturg einer Aufführung, die ihn, endlich einmal ihn, als Hauptdarsteller vorsieht. Aus der Nichtigkeit schwingt der Amoktäter sich auf zum Gott. Wie sinnlos auch immer sein Handeln von außen erscheint, er gewinnt doch gerade aus der Zerstörung ein Ultimum von Sinn. Das abstrakte Gegenüber – der Staat, die Menschen, die Umwelt, die Boshaftigkeit – wird für einen Augenblick faßbar in denen, auf die er seine Waffe richtet. *Rampage-killing* nennt man in den Vereinigten Staaten jenen Typus öffentlichen Mordens, bei dem sich eine atavistische, private Wut mit der zeitgenössischen Sehnsucht nach medialer Spiegelung verbindet. »Auf offener Bühne, im Lichte der Scheinwerfer, im Auge der Kamera werden hier gewaltige Aufführungen eines beschädigten Selbst gezeigt, das in der absoluten Vernichtung des anderen erst eigene Größe gewinnt«, schrieb Martin Allmeyer mit Blick auf das Schulmassaker von Erfurt.[89] Man will sich nicht ausmalen, wie viel stärker die Injektion von Sinn, Öffentlichkeit und Macht bei jenen ist, die sich in der temporären Abgeschlossenheit von politischen Sekten gegenseitig bestärkt und in eine verführerisch kohärente, religiöse Überzeugung haben fallen lassen. Wie viel größer ist der Kitzel, wenn das Unrecht, das sie durch eine einzige Tat, also kaum mehr als symbolisch wiedergutzumachen, zu bestrafen oder wenigstens zu bezeichnen meinen, nicht bloß individuell erlitten ist, sondern sich als die Unterdrückung eines Milliardenkollektivs darstellt, dessen Passivität sie aufheben, aus dessen Anonymität sie eben durch die Selbstvernichtung heraustreten.

Wer die Ursprünge des 11. Septembers im Koran oder im Mittelalter sucht, verharmlost, ja führt in die Irre. Archaisch in mancher Hinsicht sind die Taliban, die man militärisch bekämpfen und von ihren finanziellen Quellen abschneiden konnte. Der 11. September aber steht für einen Terrorismus, der überall in einer modernen Gesellschaft nachwachsen kann: »I'm just like anyone else«, hat Timothy McVeigh in einem Interview gesagt.[90] Gewiß bedarf auch ein solcher Terrorismus der Elenden, als deren Agent er sich sieht und ausgibt, aber diese Elenden sind austauschbar. Ursachenforschung im Sinne einer Globalisierungskritik hilft daher nur bedingt weiter. Es wird solcherart Gewalt, wie sie am 11. September ins Bewußtsein der Weltöffentlichkeit gedrungen ist, auch zukünftig geben, sie wird aller Voraussicht nach, aufgrund der gleichzeitigen Unbedingtheit ihres Anspruches, der Amorphheit ihrer Ziele und der Hermetik ihrer subjektiven Logik eine weit größere Gefahr darstellen als traditionelle terroristische Gegner, und sie wird vom 11. September lernen.

Dennoch muß man auch nach den politischen, ökonomischen Hintergründen der Anschläge fragen. Sie erklären nicht die Gewalt selbst, wohl aber die Unterstützung von Menschen und Regierungen, die ihr zuteil wird. So hybride der global gewordene Terror der Islamisten ist, er braucht doch einen sozialen und politischen Boden, um derart gefährlich zu werden. Es braucht gesellschaftliche Bewegungen, die es unterstützen, Länder, die es schützen. Daß es über all dies verfügt, unterscheidet das Netzwerk von *al-Qaida* von allen anderen bekannten Varianten eines nihilistischen Terrors. Das Gefühl, unterdrückt und ausgebeutet zu sein, mag nicht aus dem sozialen Umfeld seiner Mitglieder erwachsen sein, dennoch ist es wirklich und weit verbreitet. Osama Bin Laden beruft sich nicht auf eine imaginäre Arbeiterklasse, sondern auf breite gesellschaftliche Schichten, die sich tatsächlich unterdrückt und ausgebeutet fühlen, wenngleich die wenigsten deshalb zur Gewalt greifen würden. Dennoch birgt sich in der Identifikation mit den Motiven ein beängstigendes Potential zur Unterstützung der Gewalt. Vor allem aber hat *al-Qaida*, was radikale Globalisierungsgegner, amerikanische Rechtsextremisten oder die *Aum*-Sekte nicht haben: einen oder mehrere Staaten, die ihr ein Rückzugsgebiet bieten, finanzielle Transaktionen ermöglichen und sie womöglich sogar mit technischem Know-how ausstatten. Erst dadurch konnten Osama Bin Laden und seine Freunde jene weltpolitische Dimension erlangen, von der andere Terroristen nur träumen.

Hier beginnt die dritte Geschichte, die zu erzählen wäre, eine Geschichte aus der Realpolitik. Sie handelt von afghanischen Flüchtlingskindern in Pakistan, aus denen der pakistanische und der amerikanische Geheimdienst mit Geldern

Saudi-Arabiens die Taliban geformt hat, damit sie gegen die zuvor unterstützten, seit ihrem Sieg aber nicht mehr kontrollierbaren Mudschahedin in den Kampf ziehen.[91] Sie handelt von Verbindungen des CIA zu Osama Bin Laden selbst, die bis vor drei, vier Jahren geradezu intim waren und auf niedrigerer Ebene offenbar noch bis zum Sommer 2001 aufrechterhalten worden sind.[92] In Kommentaren werden immer wieder zwei völlig verschiedene Erscheinungen durcheinandergebracht: hier die Taliban und dort *al-Qaida*, hier die Koranschüler aus der paschtunischen Provinz und dort die Wohlstandsterroristen aus den arabischen Metropolen. Die einen boten Schutz, die anderen bedankten sich mit reichlich Geld, wobei nicht klar war, wer in größerer Abhängigkeit vom anderen stand. So sympathisch sie sich gegenseitig in ihren Zielen sein mochten, so ähnlich sie in Afghanistan lebten und sich kleideten, so stammen sie doch aus gänzlich unterschiedlichen Welten, gehören sie unterschiedlichen Gegenwarten an. Die explosive Gleichzeitigkeit des Ungleichzeitigen, die den islamistischen Terrorismus ausmacht, wird in dieser Allianz aus ungebildeten paschtunischen Dörflern und reichen arabischen Städtern exemplarisch sichtbar.

Drei Geschichten habe ich erzählt oder jedenfalls umrissen, eine Geschichte des schiitischen Märtyrerkultes, eine Geschichte aus modernen Phantasien der heilbringenden Selbstvernichtung sowie eine Geschichte aus dem Buche der amerikanischen Realpolitik im Mittleren Osten. Keine von ihnen erklärt den 11. September, aber zusammen mögen sie den Ausschnitt eines Hintergrundes abgeben, vor dem Flugzeuge in Wolkenkratzer fliegen. Diese vierte Geschichte dauert noch an, und es gibt allen Grund zu fürchten, daß sie noch schlimmer endet, als sie angefangen hat.

Anmerkungen

1 Als Einführung in die Geschichte und Glaubenswelt des schiitischen Islam mögen die folgenden Bücher dienen: Yann Richard, *Der verborgene Imam. Die Geschichte des Schiismus in Iran*, aus dem Französischen von Beate Seel, Berlin 1983; Heinz Halm, *Die Schia*, Wiesbaden 1998; ders., *Der schiitische Islam. Von der Religion zur Revolution*, München 1994. Eine gute englischsprachige Darstellung der Ereignisse von Kerbela und des schiitischen Glaubens aus schiitischer Sicht bietet das Buch des großen iranischen Theologen Allamah Sayyid Mohammad Hoseyn Tabataba'i: *Shi'ite Islam*, aus dem Persischen übersetzt von Seyyed Hossein Nasr, Albany 1975. — 2 Vgl. Alirezâ Manafzâdeh, »Ta'ziye wabinesch-e terâjik«, in: *Iran Nameh* 9,2 (1991), 319-327. Vgl. Hildegard Müller, *Studien zum persischen Passionsspiel*, Freiburg 1966, 156f. — 3 Die mündlich umlaufenden Berichte über die Ereignisse von Kerbela wurden erstmals von Abu Michnaf (gest. 774) schriftlich fixiert. Seine Sammlung haben sowohl die sunnitischen Geschichtsschreiber wie Baladhuri, Dinawarî oder Tabari wie auch schiitische Historiker wie Ya'qûbi oder al-Mufîd benutzt. — 4 *The History of al-Tabari*, 19. Bd., aus dem Arabischen ins Englische übersetzt von I. K. A. Howard, Albany N.Y., 1990, 120ff. — 5 Vgl. Navid Kermani, »Blut und Tränen. Über Ta'zije«, in: *Lettre International* 40 (1998, 1), 71-75. — 6 *Der verborgene Imam*, 75. Vgl. auch Hans G. Kippenberg, »Jeder Tag 'Ashura, jedes Grab Kerbela. Zur Ritualisierung der Straßenkämpfe im Iran«, in: Kurt Greussing (Hg.), *Religion und Politik im Iran*, Frankfurt a. M. 1981, 217-256. — 7 Eine gute Einführung in die spezifisch schiitische Welt des modernen Irans bietet Roy Mottahedeh, *Der Mantel des Propheten oder Das Leben eines persischen Mullah zwischen Religion und Politik*, München 1987. — 8 *The History of al-Tabari*, Bd. 19, 176. — 9 Vgl. zur *ta'ziye*, dem schiitischen Passionsspiel: Peter Chelkowski (Hg.), *Ta'ziyeh: Ritual and Drama in Iran*, New York 1979; Milla Riggio (Hg.), *Ta'ziyeh: Ritual and Popular Beliefs in Iran*, Hartford, Conn 1988; Navid Kermani, »Katharsis und Verfremdung im schiitischen Passionsspiel«, in: *Welt des Islams* 39 (1999), 31-63; Müller, *Studien zum persischen Passionsspiel*. — 10 Zitiert nach: Halm, *Der schiitische Islam*, 62. Zu den bekanntesten und wichtigsten Zeugnissen europäischer Reisender über die Aschura gehören: William Franklin, *Observations made on a Tour from Bengal to Persia in the Years 1786-1787*, London

1790; James Morier, *A Journey Through Persia, Armenia and Asia Minor to Constantinople in the Years 1808 and 1809*, London 1812; M. Le Comte de Gobineau, *Trois ans en Asie*, Paris 1859; E. G. Browne, *A year amongst the Persians*, London 1959 (Nachdruck London/New York/Toronto 1984). Eine gleichermaßen suggestive wie tendenziöse, an vielen Stellen schlicht falsche Darstellung der Aschura bietet Elias Canetti in *Masse und Macht*, Frankfurt a. M. 1996, 172ff. — **11** »Leaning in the moment. A conversation with Peter Brook«, in: *Parabola* IV (Mai 1979), 52; vgl. auch Brook kluge Bemerkungen zum schiitischen Passsionsspiel in: *Das offene Geheimnis. Gedanken über Schauspielerei und Theater*, aus dem Englischen von Frank Heibert, Frankfurt a. M. 1994, 58-67. — **12** Grundlegend hierzu: Scharoch Meschkub, *Sug-e Siyawusch*, Teheran [5]1992; vgl. auch Ehsan Yarshater, »Ta'ziyeh and Pre-Islamic Mourning Rites in Iran«, in: Chelkowski (Hg.), *Ta'ziyeh*, 88-94. — **13** Vgl. B. D. Eerdmans, »Der Ursprung der Ceremonien des Hosein-Festes«, in: *Zeitschrift für Assyriologie* 9 (1894), 280-307. — **14** Vor allem in Schariatis *Taschayyo'-e safawi wa taschayyo'-e alawi*, in: *Madschmu'e-ye âsâr*, Bd. 9, Teheran 1980; eine kurze englische Fassung ist *Red Shi'ism*, übersetzt von Habib Shirazi, Teheran 1979. — **15** Zur Kontroverse um die Aschura-Rituale innerhalb der schiitischen Geistlichkeit vgl. Werner Ende, »The Flagellations of Muharram and the Shi'ite ›Ulamâ‹«, in: *Der Islam* 55 (1978), 19-36; Abdoldjavad Falaturi, »Die Zwölferschia aus der Sicht eines Schiiten. Probleme ihrer Untersuchung«, in: Erwin Gräf (Hg.), *Festschrift Werner Caskel*, Leiden 1968, 62-95, insb. 71-78; J. Calmard, »Le Mécénat des représentations de ta'ziyé«, in: *Le Monde Iranien et l'Islam* 2 (1974), 73-126, IV (1976-1977), 133-162. — **16** Vgl. hierzu das großartige Buch von Mahmoud Ayoub, *Redemptive Suffering in Islâm. A Study of the Devotional Aspects of 'Âshûrâ'*, in: *Twelver Shî'ism*, Den Haag 1978. — **17** Erstmals wohl bei Agatangel Krymsky, Perskij Teatr, Kiew 1925 (die englische Übersetzung von Volodomir Pechenuk sollte 1978 in Teheran erscheinen, *The Persian Theatre: Its Origin and Develeopment*, fiel dann aber offenbar den Wirren der Revolution zum Opfer); vgl. auch Enrico Fulchignoni, »Quelques Considerations Comparatives entre les Rituals du Ta'ziyeh Iranien et les ›Spectacles de la Passion‹ du Moyen-Age Chrétien en Occident«, in: Chelkowsky, *Ta'ziyeh*, 131-136; Yitzhak Nakash, »An Attempt to trace the origin of the rituals of *'Âshûrâ'*«, in: *Die Welt des Islams* 33 (1993), 161-181; Fârûq Awhân, »At-Ta'âzî l-husaynîya fî ayâm 'âschûrâ'« (at-Ta'âzî and Good Friday: A

Comparative Study)«, in: *The Arabist. Budapest Studies in Arabic* 8 (1994), 117-148. — **18** Vgl. Daniel Boyarin, *Dying for God. Martyrdom and the Making of Christianity and Judaism*, Stanford 1999. — **19** Tertullianianus, *Apologeticum*, in: Hans Armin Gärtner (Hg.), *Die römische Literatur in Text und Darstellung* (Bd. 5), Stuttgart 1988, 42-93, hier: 70f. — **20** Petrus Damiani, *Briefe*, hg. von Kurt Reindel, 4 Bde., München 1983-1993, Brief 161, 144. (Bd. 4); hier zit. nach: Niklaus Largier, *Lob der Peitsche. Eine Kulturgeschichte der Erregung*, München 2001. — **21** Politische Deutungen des Martyriums von drei Vordenker der Islamischen Revolution Irans, von Ali Schariati sowie den Ajatollahs Mahmud Taleghani und Morteza Motahhari, versammelt der folgende Band: Mehdi Abedi / Gary Legenhausen (Hg.), *Jihâd and Shahâdat: Struggle and Martyrdom in Islam*, Houston 1986. — **22** Vgl. Marshall G. S. Hodgson, *The Order of Assassins: The Struggle of the Early Nizârî Ismâ'îlîs against the Islamic World*, 's-Gravenhage 1955; Bernard Lewis, *Die Assassinen. Zur Tradition des religiösen Mordes im radikalen Islam*, aus dem Englischen von Kurt Jürgen Huch, Frankfurt a. M. 2001. — **23** Vgl. Saskia Gielen, *Religion and War in Revolutionary Iran*, London 1999. — **24** Vgl. Navid Kermani, »Märtytertum als Topos politischer Selbstdarstellung in Iran«, in: H.-G. Soeffner / D. Tänzler (Hg.), *Figurative Politik – Zur Performanz der Macht in der modernen Gesellschaft*, Opladen 2002, 89-100; ders., *Iran. Die Revolution der Kinder*, München 2001. — **25** Darstellung folgt Mottahedeh, *Mantel des Propheten*, 119. — **26** Vgl. Michael Pohly / Khalid Durán, *Osama bin Laden und der internationale Terrorismus*, München 2001, 58ff. — **27** Vgl. ebd., 76ff. — **28** Vgl. Georg Elwert, »Rational und lernfähig – Wer die Attentäter des 11. September bekämpfen will, muss zunächst ihre Logik begreifen«, in: *Der Überblick* 2001, 3, 1-8; ders., »Weder irrational noch traditionalistisch. Charismatische Mobilisierung und Gewaltmärkte als Basis der Attentäter des 11. September«, in: B. Hauser-Schäublin (Hg.), *Verhandlungen der Tagung der Deutschen Gesellschaft für Völkerkunde 2001*, im Druck; *die tageszeitung*, 20.11.2001. — **29** Vgl. Sandra Kegel, »Die Mörder trugen eine Kamera«, in: *Frankfurter Allgemeine Zeitung*, 31.10.2001. — **30** »Vom Dolch zur Biowaffe. Die Büchse der Pandora steht schon lange offen: Ein Gespräch mit dem Terrorismusforscher Walter Laquer«, in: *Frankfurter Rundschau*, 11.6.2002. — **31** Vgl. Peter Hartl, »Flug in den sicheren Tod. Der Einsatz deutscher Kamikazeflieger am Ende des Zweiten Weltkriegs gehört zu den Tabus der Kriegsgeschichte«, in: *Süddeutsche*

Zeitung, 6./7.4.2002. — **32** Vgl. Pohly / Durán, *Osama bin Laden*, 73ff; Christoph Reuter, *Mein Leben ist eine Waffe. Selbstmordattentäter – Psychogramm eines Phänomens*, München 2002, 342ff.; Khalid Durán, »Lieblicher Geruch – Selbstmordattentäter und Märtyrerkult«, *Frankfurter Allgemeine Zeitung*, 24.9.2001; eine vergleichende, allerdings nicht belegte Statistik findet sich unter http://www.heise.de/tp/deutsch/inhalt/co/11323/1.html. — **33** Zu den Selbstmordattentaten in der arabischen Welt vgl. Reuter, *Mein Leben ist eine Waffe*; Pohly / Durán, *Osama bin Laden*, 72ff.; speziell in Palästina: Nasra Hassan, »An Arsenal of Believers. Talking to the Human Bombs«, in: *The New Yorker*, 19.11.2001; Amos Elon, »No Exit«, in: *Le Monde Diplomatique* (dt. Ausgabe), Juni 2002. — **34** Vgl. Pohly / Durán, *Osama bin Laden*, 23ff.; Peter L. Bergen, *Heiliger Krieg Inc. – Osama bin Ladens Terrornetz*, aus dem Englischen von Friedrich Griese, Anja Hansen-Schmidt, Norbert Juraschitz, Thomas Pfeiffer, Barbara Schaden und Udo Rennert, Berlin 2001, 66ff. — **35** Vgl. Pohly / Durán, *Osama bin Laden*, 25, Angelika Franz, »Im Schoß der Jungfrauen«, in: *Stern*, 6.12.2001; Bruce Hoffman, *Terrorismus – Der unerklärte Krieg*, Frankfurt a. M. 1999, 129f.; Bergen, *Heiliger Krieg Inc.*, 43. — **36** Vgl. Rory Carroll, »Terrorists or tourists?«, in: *The Guardian*, 26.6.1999; Hans Leyendecker, »Das Puzzle hat noch viele Löcher«, *Süddeutsche Zeitung*, 8.12.2001. — **37** Vgl. Roland Jacquard, *Die Akte Osama Bin Laden. Das geheime Dossier über den meistgesuchten Terroristen*, München 2001, 24ff. — **38** Zum Leben der Attentäter in Deutschland vgl. Jürgen Petschull / Kuno Kuse, »Attentäter – Killer im Cockpit«, in: *Stern* (http://www.stern.de/politik/spezial/artikel_amerika_34911.html); Dietrich Alexander, »Perfide angepasst«, in: *Die Welt*, 18.9.2002; Michael Werz, »›Sie hatten nichts zu verbergen‹. Wider die Legende vom Kampf der Kulturen«, in: *Kommune* 10/2001, 16-18; Ullrich Fichtner, »Allahs Reservist«, in: *Der Spiegel*, 22.10.2001. — **39** Zit. nach Michael Werz, »›Sie hatten nichts zu verbergen‹«. — **40** Vgl. Vered Levy-Barzilai, »A near-death experience« in: *Ha'aretz*, 28.6.2002; Jörg Bremer, »Der Lobpreis des Märtyrertums. Nach einem Gespräch des Verteidigungsministers Ben-Elizier mit verhinderten Selbstmordattentätern entdeckt Israel die Terroristen als Menschen«, in: *Frankfurter Allgemeine Zeitung*, 24.6.2002. Zu den Biographien und Motiven palästinensischen Selbstmordattentäter vgl. Reuter, *Mein Leben ist eine Waffe*, 135ff. — **41** *Der Spiegel*, 24.9.2001; *Spiegel Online*, 5.10.2001; ebd., 6.10.2001. Vgl. auch Antje Vollmer, »Lehren aus dem 11. September«, *Frankfurter Allgemeine Zeitung*, 2.3.2002 und FN 39. — **42** Kuno Kruse, »Die mörderische Selbstsuche des Mohammed Atta«, in: *Der Stern*, 27.12.2001. — **43** Eindringlich zeigte das zum Beispiel die Dokumentation des Norddeutschen Rundfunks von Thomas Berndt »Die Todespiloten. Die Attentäter vom September«, die in der ARD erstmals am 23. November um 22.15 Uhr ausgestrahlt und unter anderem am 25.6.2002 auf Arte wiederholt wurde. — **44** *Der Spiegel*, 24.9.2001. — **45** Stellvertretend sei auf die Geschichte Nizar Trabelsi hingewiesen, der eigentlich Profifußballer in der Bundesliga werden wollte und nun als islamischer Terrorist in einem belgischen Gefängnis sitzt (Ullrich Fichter, »Allahs Reservist«). Zu den Amerikanern, die sich al-Qaida angeschlossen haben, vgl. auch Bergen, *Heiliger Krieg Inc.*, 159ff. — **46** »Die Luft der Höhe. Nietzsches Beitrag zur Topographie des Terrors«, in: *Frankfurter Rundschau*, 30.9.2001. — **47** »Die Krankheit des Islam«, in: *Lettre International* 54 (2001, 3), 11-15. — **48** Das Internet ist voller Seiten, in denen solche Widersprüche aufgelistet sind; obwohl an deren Seriosität alle Zweifel angebracht sind und ich mich daher auf vier Beispiele beschränke (http://globalresearch.ca; http://www.fromthewilderness.com; http://heise.de/tp/deutsch/special/wtc; http://www.concernedphotography.com/galerie/kein-krieg/hintergrund/index-taeter-1.html), werfen sie zumindest dringliche Fragen auf, zumal die offiziellen Verlautbarungen wie etwa das Dossier des britischen Geheimdienstes (»Ussama bin Ladin und der 11. September 2001«, Eine Dokumentation der britischen Regierung, in: *Frankfurter Allgemeine Zeitung*, 9.10.2001) vage und unbefriedigend geblieben sind. Vgl. auch »Da sind Spuren wie von einer trampelnden Elefantenherde«, Interview mit Andreas von Bülow, in: *Der Tagesspiegel*, 13.1.2002; Matthias Bröckers, »Wahrheit bedeutet Krieg. Einladung zur Anti-Conspiracy-Conspiracy: neun Thesen über Verschwörung«, in: Carl Hegemann (Hg.), *Einbruch der Realität. Politik und Verbrechen*, Berlin 2002, 112-125. — **49** Friedrich Nietzsche, *Sämtliche Werke*, hg. von Giorgio Colli und Mazzino Montinari, Kritische Studienausgabe, München 1980, Bd. XII, 350. — **50** Ebd., II, 54. — **51** Ebd., XIII, 60. — **52** Ebd., V, 137. — **53** Ebd. I, 100. — **54** Vgl. ebd., VII, 140f. — **55** Ebd., III, 214. — **56** Vgl. Bruno Hillebrand (Hg.), *Nietzsche und die deutsche Literatur. Bd. I: Texte zur Nietzsche-Rezeption 1873-1963*, Tübingen 1978, 177ff.; Kurt Flasch, *Die geistige Mobilmachung. Die deutschen Intellektuellen und der Erste Weltkrieg. Ein Versuch*, Berlin 2000; mit Einschränkungen:

Bernhard H. F. Taureck, *Nietzsche und der Faschismus. Ein Politikum*, Leipzig 2000. — **57** Alle Zitate nach Götz Aly, »Den Tod nicht fürchten. Auf dem breiten, roten Schlusstrich: Ein Treffen zwischen Ernst Jünger und Osama Bin Laden«, in *Berliner Zeitung*, 20.11.2001. Vgl. Jünger, *Blätter und Steine*, Hamburg [4]1934/1943. — **58** Vgl. Jochen Schmidt, *Die Geschichte des Genie-Gedankens*, 2. Bd., 2. durchges. Auflage Darmstadt 1988, 202ff. — **59** Vgl. Reinhold Seeberg, *Geschichte, Krieg und Seele. Reden und Aufsätze aus den Tagen des Weltkrieges*, Leipzig 1916; Günter Brakelmann, *Protestantische Kriegstheologie im Ersten Weltkrieg. Reinhold Seeberg als Theologe des deutschen Imperialismus*, Bielefeld 1974. — **60** Emiko Ohnuki-Tierney, *Kamikaze, Cherry Blossoms, and Nationalism: The Militarization of Aesthetics in Japanese History*, Chiocago 2002; zu den Kamikaze-Piloten vgl. auch Klaus Scherer, *Kamikaze – Todesbefehl für Japans Jugend. Überlebende berichten*, München 2001. — **61** »Manual for a ›Raid‹«, in: *New York Review of Books*, 17.1.2002. — **62** Vgl. z.B. Dirk Schümer, »Freudiges Erwachen im Luxusbordell«, in: *Frankfurter Allgemeine Zeitung*, 26.9.2001; Adrian Kreye, »Tee beim Paten des Terrorismus«, in: *Süddeutsche Zeitung*, 27.10.2001; »Anleitung zum Massenmord« in: *Spiegel-Online* vom 1.10.2001: http://www.spiegel.de/spiegel/0,1518,160935,00.html. Weitere Artikel, die diesen Zusammenhang herstellen, sind aufgeführt bei: http://www.drag.ch/diesunddas/selbstmordattentaeter.htm; http://www.heise.de/tp/deutsch/special/wtc/9702/1.htm. — **63** Vgl. Farhad Daftari, *The Assassin Legends: Myth of the Isma'ilis*, London 1994. — **64** Vgl., Edmute Heller, »Sterben ist wichtiger als Töten«, in: *Süddeutsche Zeitung*, 20./21.10.2001. — **65** Vgl., Raoul Schrott, »Aber da war nichts, woran ich glaubte«, in: *Süddeutsche Zeitung*, 27.10.2001. Ähnlich konsterniert über ihren Besuch in Alamut äußert sich am 17.9.2001 eine Reporterin der *Washington Post*. — **66** Vgl. *Why Waco? Cults and the Battle for Religious Freedom in America*, Berkeley 1995. Zu militanten Organisationen im Umfeld der amerikanischen *Christian Patriots* und anderen, etwa islamischen, jüdischen, japanischen und indischen Formen des sektenhaften religiösen Terrors vgl. Bruce Hoffmann, *Terrorismus. Der unerklärte Krieg*, aus dem Englischen von Klaus Kochmann, Frankfurt a. M. 2001, 112ff.; Walter Laquer, *Die globale Bedrohung. Neue Gefahren des Terrorismus*, aus dem Englischen von Bernd Rullkötter, München 2001, 139ff., 165ff., 298ff.; Robert Jay Lifton, *Erlösungssekten proben den Weltuntergang*, aus dem Amerikanischen von Udo Rennert und Ursula Gräfe, München 2000. — **67** Joel Dyer, *Harvest of rage: Why Oklahoma City is only the beginning*, Boulder 1997. — **68** Vgl. Hoffman, *Terrorismus*, 140. — **69** Im Vergleich dazu trägt der gleichfalls berühmt gewordene Aufsatz »Occidentalism« so gut nichts dazu bei, die Wahrnehmung der Attentäter zu verstehen: Es gibt viele unberechtigte Gründe, den Westen oder speziell die Vereinigten Staaten zu hassen, aber ganz so einfach, beinah jeden amerikakritischen Impuls der modernen Geschichte – unter Ausblendung der realen politischen Ereignisse und Verhältnisse – auf eine Abwehrhaltung gegenüber den Errungenschaften der westlichen Moderne zurückzuführen, sollte man es sich nicht machen; es kommt dann kaum mehr dabei heraus als ein beleidigter Rundumschlag. Als Ausdruck westlicher Wahrnehmung und Befindlichkeit ist der Aufsatz hingegen trefflich (*New York Revew of Books*, 17.1.2002; deutsche Übersetzung im *Merkur* 56,4 (April 2002), 277-288). — **70** Vgl. Kruse, »Die mörderische Selbstsuche des Mohammed Atta«. — **71** Jean Baudrillard, »Der Geist des Terrorismus«, *Süddeutsche Zeitung*, 12.11.2001. — **72** Vgl. Bernhard Tilg, »Real Time Death oder: Wie Menschen mit dem Tode drohen, wenn sie bereit sind zu sterben«, http://ezwil.uibk.ac.at/ark/RealTimeDeath.html. — **73** Vgl. hierzu Navid Kermani, »Sprich leise und mach die Poesie zu deiner Waffe. Wie Osama Bin Laden durch den Verzicht auf Rhetorik den Propagandakrieg führt – und ihn deshalb zu gewinnen droht«, in: *Süddeutsche Zeitung*, 11.10.2001. — **74** Navid Kermani, »Islam für Europa«, in *Lettre International* 53 (II/2001), 107-108. — **75** Zit. nach Haruki Murakami, *Untergrundkrieg. Der Anschlag von Tokyo*, aus dem Japanischen von Ursula Gräfe, Köln 2002, 278ff. — **76** André Glucksmann, *Dostoievski à Manhatten*, Paris 2002. — **77** Vgl. Lifton, *Terror für die Unsterblichkeit*, 68ff., 250ff. — **78** Beide Dokumente abgedruckt z. B. in der *tageszeitung*, 1.10.2001. — **79** Murakami, *Untergrundkrieg*, 282. — **80** »To Our New People«, Offener Brief von Richard G. Butler, Pastor, *Aryan Nations*, undatiert, zit. nach Hoffman, *Terrorismus*, 150. — **81** Vgl. Bushs Rede vom 7. Oktober 2001: http://online.wdr.de/online/news2/us_angriffe/rede_bush.phtml. — **82** Alle drei Zitate nach Bergen, *Heiliger Krieg Inc.*, 119ff. — **83** Vgl. Laquer, *Die globale Bedrohung*, 148ff., Hoffman, *Terrorismus*, 151ff. — **84** Lifton, *Terror für die Unsterblichkeit*, 211. — **85** Hoffman, *Terrorismus*, 133f. — **86** Vgl. Lifton, *Terror für die Unsterblichkeit*, 348. — **87** Vgl. Gerhard Waldherr, »Wer Terror sät. Die Katastrophe von Oklahoma City: Vergessen, vertuscht, verdrängt«, in: *Süddeutsche Zeitung*, 12./13.1.2002. — **88** Zit.

nach Götz Eisenberg, »Die menschlichen ›Ungeheuer‹ entspringen unserer Normalität«, in: *Frankfurter Rundschau*, 11.5.2002; vgl. vom selben Autor auch: *Amok – Kinder der Kälte. Über die Wurzeln von Wut und Haß*, Reinbek 2000. — **89** Martin Altmeyer, »Heldenplatz. Noch einmal nach Erfurt: Eine Art soziale Plastik«, in: *Frankfurter Rundschau*, 5.6.2002. Zum Phänomen des Amoktäters vgl. auch Götz Eisenberg, *Amok – Kinder der Kälte. Über die Wurzeln von Wut und Haß*, Reinbek 2000. — **90** Interview mit *Time* (New York), 15.4.1996. — **91** Zu den Taliban vgl.: Ahmad Rashid, *Taliban. Afghanistans Gotteskrieger und der Dschihad*, aus dem Englischen übersetzt von Harald Riemann, München 2002; Peter Marsden, *The Taliban: War, Religion and the New Order in Afghanistan*, London 1998; Musa Khan Jalalzai, *Taliban and the Great Game in Afghanistan*, Lahore et. al. 1999; *Kamal Matinuddin, The Taliban Phenomen of Afghanistan*, London 1999; William Maley (Hg.), *Fundamentalism Reborn: Afghanistan and the Taliban*, Canberra 1998. — **92** So ein Bericht des *Figaro* vom 31.10.2002. Vgl. auch Jean-Charles Brisard / Guillaume Dasquie, *Die verbotene Wahrheit. Die Verstrickungen der USA mit Osama bin Laden*, aus dem Französischen von Karola Bartsch, Zürich 2002; Bergen, *Heiliger Krieg Inc.*, 159ff.; Rashid, *Taliban*, 220ff., 261ff., 280ff. Wie jüngste Presseberichte über das Versagen von CIA und FBI vermuten lassen, dürfte über bin Ladens Kontakte zu westlichen Geheimdiensten noch längst nicht alles an die Oberfläche gekommen sein; Vgl. z.B. »A systematic failure«, in: *The Econimist*, 23.5.2002; »Operation Große Hochzeit«, *Der Spiegel*, 27.5.2002. Um es deutlich ausgesprochen zu haben: Ich bin Verschwörungstheorien generell und speziell in bezug auf den 11. September abgeneigt (schon weil bessere Beweise fingiert worden wären, wenn es sich hierbei wirklich um eine Verschwörung gehandelt hätte); es scheint mir aber inzwischen mindestens ebenso abwegig zu glauben, daß die amerikanischen Geheimdienste im Vorfeld des 11. Septembers völlig ahnungslos waren und keinerlei Möglichkeit hatten, rechtzeitig einzugreifen.

Die Deutsche Bibliothek – CIP-Einheitsaufnahme

Ein Titeldatensatz für diese Publikation ist bei
Der Deutschen Bibliothek erhältlich

www.wallstein-verlag.de
Vom Verlag gesetzt aus der Stempel Garamond
Umschlagvignette : Thomas Müller
Druck: Hubert & Co, Göttingen

ISBN 3-89244-622-9

Göttinger Sudelblätter
Herausgegeben von Heinz Ludwig Arnold

bisher erschienen:

HEINZ LUDWIG ARNOLD
Krieger, Waldgänger, Anarch
Versuch über Ernst Jünger

MAX VON DER GRÜN
Eine Jugend in Franken

HEINRICH VORMWEG
Verteidigung des Gedichts
Eine Polemik und ein Vorschlag

FRIEDRICH DÜRRENMATT
Abschied vom Theater
— *vergriffen* —

ALBRECHT SCHÖNE
Vom Biegen und Brechen

MARTIN AHRENDS
Ihr verbrauchten Verbraucher!
Von der diskreten Häßlichkeit der Westdeutschen
— *vergriffen* —

ECKHARD THIELE
Die terroristische Option der Kommunisten

HEINZ LUDWIG ARNOLD / FRAUKE MEYER-GOSAU (HG.)
Die Abwicklung der DDR
— *vergriffen* —

GÜNTHER ANDERS
Über philosophische Diktion
und das Problem der Popularisierung

Heinrich Senfft
Schmäher vor Gericht
Persönlichkeitsschutz und öffentliche Meinung in Deutschland

Peter Rühmkorf
Deutschland, ein Lügenmärchen
— vergriffen —

Uwe Kolbe
Die Situation
Eine Geschichte vom Prenzlauer Berg

Martin Kämpchen
Calcutta
Eine funktionierende Anarchie
— vergriffen —

Heinrich Popitz
Spielen

Brigitte Sauzay / Heinz Ludwig Arnold / Rudolf von Thadden (Hg.)
Vom Vergessen vom Gedenken
Zum 8. Mai 1945

Helga Grebing
Was geht uns Berlin an?
Eine Kritik an der traditionalistischen Gestaltung unserer Hauptstadt

Hanjo Kesting
Theodor Fontane
Bürgerlichkeit und Lebensmusik

Heinz Ludwig Arnold (Hg.)
O Österreich!

Ruth Klüger
Knigges Umgang mit Menschen
— vergriffen —

Peter Rühmkorf
Ich habe Lust, im weiten Feld …
Betrachtungen einer abgeräumten Schachfigur

Hans Joachim Schädlich
Vertrauen und Verrat

Hugo Dittberner
Arche Nova
Aufzeichnungen als literarische Leitform

Hans Wollschläger
Wiedersehen mit Dr. F.
Beim Lesen in Letzter Zeit

Robert Gernhardt / Peter Waterhouse /
Anne Duden
Lobreden auf den poetischen Satz

Stefana Sabin / Zsuzsanna Gahse /
Valentin Braitenberg
Wörter, Wörter, Wörter!

Werkstatt
Neue Texte von Anne Duden,
Ingo Schulze, Peter Waterhouse u.a.
mit Zeichnungen von Robert Gernhardt

Hexenreden
von Gisela von Wysocki, Birgit Vanderbeke,
Marlene Streeruwitz

Herta Müller
Der Fremde Blick oder Das Leben
ist ein Furz in der Laterne

Peter Rühmkorf
Wo ich gelernt habe

Martin Ahrends
Verlorenwasser

Ulrike Draesner / Barbara Köhler /
Peter Waterhouse
: to change the subject

Albrecht Schöne
Dichtung als verborgene Theologie

Günter Kunert
Nachrichten aus Ambivalencia

Peter Rühmkorf
»Das Lied der Deutschen«
Mit einem Essay von Heinz Ludwig Arnold

Lutz Seiler / Anne Duden / Farhad Showghi
Heimaten

Hans Dieter Schäfer
Herr Oelze aus Bremen

Hans Joachim Schädlich
Zwischen Schauplatz und Elfenbeinturm

Marcel Reich-Ranicki
Erst leben, dann spielen
Über polnische Literatur

Heinz Ludwig Arnold
»Was bin ich?«
Über Max Frisch

Dagmar Leupold / Kerstin Hensel / Marica Bodrožić
11.9. — 911
Bilder des neuen Jahrhunderts